Proyecto de Susaeta Ediciones, S.A.
Dirección editorial: Isabel Ortiz
Dirección de la colección: Isabel López
Textos y fotografías: Mª Pilar Gallo
Corrección: Isabel López / Equipo Susaeta
Diseño gráfico: Indusagro / Equipo Susaeta
Preimpresión: Natalia Rodríguez

© SUSAETA EDICIONES, S.A. - Obra colectiva
Tikal Ediciones
C/ Campezo, 13 - 28022 Madrid
Tel.: 91 3009100 - Fax: 91 3009110
www.susaeta.com

Cualquier forma de reproducción, distribución, comunicación pública o transformación
de esta obra solo puede ser realizada con la autorización de sus titulares, salvo excepción
prevista por la ley. Diríjase a CEDRO (Centro Español de Derechos Reprográficos) si necesita
fotocopiar o escanear algún fragmento de esta obra (www.conlicencia.com; 91 702 19 70 / 93 272 04 47).

RECICLAJE CREATIVO

Decora tu hogar reutilizando botellas, latas, cajas, tetrabriks...

Mª Pilar Gallo

TIKAL

ÍNDICE

PRESENTACIÓN · 5

MATERIALES y HERRAMIENTAS · 6

Materiales
- Botellas de plástico.................. 6
- Tubos de cartón 8
- Tetrabriks....................... 9
- Hueveras de cartón 10
- CD y DVD 11
- Cajas de cartón................... 12
- Latas de conserva 13

Herramientas
- Pinceles........................ 15
- Pinturas y esmaltes 16
- Tijeras y otras herramientas de corte 18
- Adhesivos 19
- Lijas y limas 21

TÉCNICAS · 22

- Filigranas con tubos de cartón 22
- Papel maché..................... 24
- Cartapesta 25
- Teselas con plástico 26
- *Découpage* 28

Los SÍMBOLOS del RECICLAJE · 30

PROYECTOS · 31

Con botellas de plástico
- Broches........................ 32
- Bote para caramelos 34
- Botes para lápices................. 36
- Estuches con cremallera 38

Con tubos de cartón
- Servilleteros..................... 40
- Enrejado 42
- Marco para espejo 44
- Pie de lámpara 46

Con tetrabriks
- Guirnalda....................... 49
- Florero......................... 51
- Cajas almohada................... 53

Con hueveras de cartón
- Costurero....................... 56
- Flores 58
- Guirnalda con luces 59

Con plástico de CD
- Posavasos 61
- Decoración de un portarretratos........ 63

Con cartón de cajas
- Cuadro......................... 64
- Letra decorativa 66
- Estrellas........................ 68
- Lámpara........................ 71
- Estantería 73

Con latas de conserva
- Portaherramientas................. 76
- Candelero....................... 79
- Organizador de escritorio 81

Con papel de periódico
- Cuenco 83
- Bandeja........................ 86

PLANTILLAS · 89

La AUTORA · 96

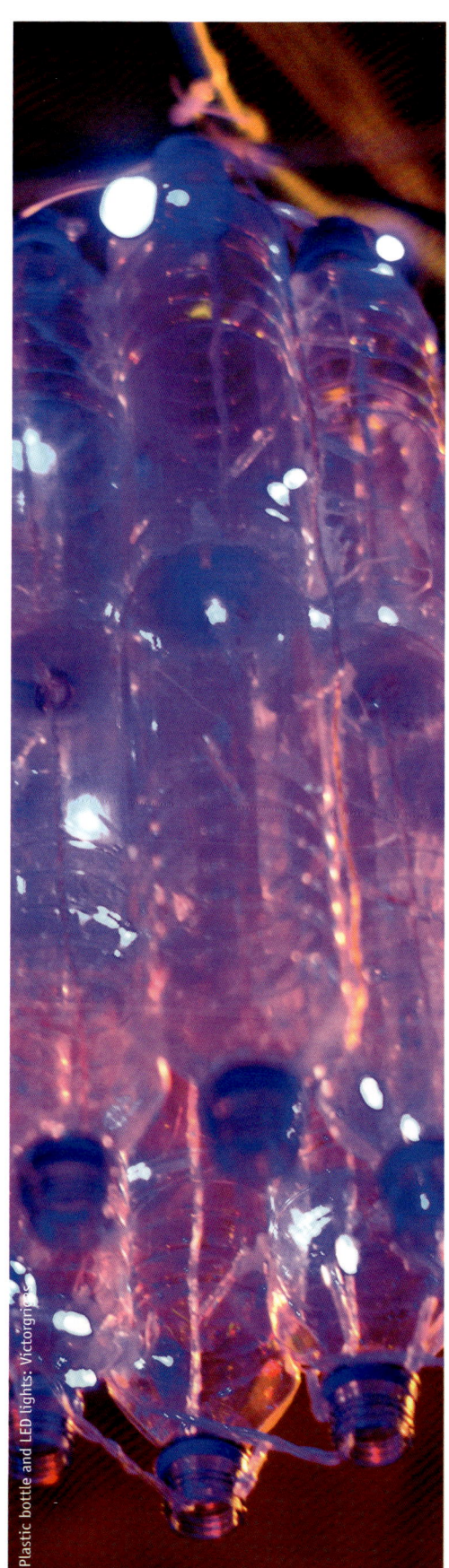

Plastic bottle and LED lights: Victorginés

PRESENTACIÓN

Si buscamos en el *Diccionario de la Real Academia de la Lengua Española* la palabra «manualidad» nos encontramos con dos definiciones bastante escuetas: la primera nos explica que es un «Trabajo llevado a cabo con las manos» y la segunda, que se trata de «Trabajos manuales propios de los escolares». Aunque, por supuesto, se trata de dos definiciones correctas, creo que no recogen toda la esencia de lo que significa hoy en día esta palabra, ya que no mencionan la creatividad, un componente fundamental en la realización de manualidades, ni el valor añadido que actualmente se asocia a lo «hecho a mano».

Hace unos años las manualidades quedaban restringidas al mundo escolar o al ámbito casero de las labores, donde se veían como una forma de entretenimiento para combatir el aburrimiento o una manera de ahorrar en un presupuesto familiar escaso, por lo que la mayoría de los jóvenes de la época no mostraban ningún interés por aprender habilidades y técnicas que parecían antiguas y condenadas a la desaparición. Sin embargo, a día de hoy, las manualidades son contempladas desde otra óptica y, tras una industrialización desmesurada, los trabajos manuales se han recuperado y han trascendido el mero entretenimiento o aprendizaje para crear un mundo común, una comunidad con unos símbolos, gustos o técnicas más o menos globales que valora la parte creativa y artística de las cosas hechas a mano.

Cada vez son más los adeptos a esta nueva filosofía del «hazlo tu mismo» (HTM) o (DIY) que disfrutan de esta nueva forma de autoproducción y desarrollan sus habilidades tanto montando una estantería con cajas de fruta como organizando un cumpleaños infantil donde toda la fiesta ha sido preparada a mano por los anfitriones, desde las invitaciones hasta la merienda, pasando por la decoración.

Esta manera de ver la vida, que descarta la costumbre de tener que comprar siempre a otros las cosas que uno desea o necesita, comparte ideas y principios con otro de los movimientos emergentes de este siglo: la conciencia ecológica y la búsqueda de un desarrollo sostenible.

El continuo crecimiento económico y el aumento constante de la producción y el consumismo son el origen de la sobreexplotación de los recursos naturales y de una excesiva generación de residuos. Esta situación solo puede solucionarse poniendo en práctica la cultura de las tres «R»: reducir, reutilizar y reciclar. Y en este punto, con la reutilización y el reciclaje, encuentra también su sentido el «hazlo tu mismo», que participa en la conservación del medio ambiente buscando una nueva utilidad a envases y embalajes cuyo consumo no podemos evitar.

Tal y como tenemos organizada la distribución de los productos de alimentación, sobre todo en entornos urbanos, no es fácil conseguir la reducción en el consumo de envases, ya que gran parte de los productos básicos que adquirimos abusan del embalaje.

Hace muchos años que no hay posibilidad de conseguir un litro de leche que no esté envasado en cristal, plástico o tetrabrik, y lo mismo sucede con todo tipo de productos que utilizamos habitualmente, por lo que generamos un exceso de residuos difícil de controlar. Se hace necesario, entonces, poner en práctica la segunda de las erres: «reutilizar», buscar un nuevo uso para aquellos embalajes como hueveras de cartón, botellas de plástico, cartón de briks, papel de periódico, etc; cambiar de perspectiva para descubrir las posibilidades que nos ofrecen todos estos envases, que podemos transformar en botes para lapiceros, costureros, guirnaldas o cuadros... ¡No hay más límites que los de la imaginación!

En este libro podréis encontrar algunos de mis trabajos con este tipo de materiales, que espero que os sirvan de inspiración y os animen a iniciaros en este apasionante mundo del «Hazlo tu mismo».

MATERIALES Y HERRAMIENTAS

BOTELLAS de PLÁSTICO

Sin duda, las botellas de plástico han sustituido en gran medida al vidrio y hoy en día se comercializan en este tipo de botellas casi todos los refrescos y el agua mineral.

¿LO SABÍAS?

Los envases que reciclamos pueden dar lugar a productos muy diferentes al material de origen:

- Seis envases de tetrabrik se pueden transformar en una caja de zapatos.
- Con ocho cajas de cereales se puede imprimir un libro.
- 80 latas se pueden transformar en una llanta de coche.
- Con 40 botellas de plástico de agua mineral se puede fabricar un forro polar.

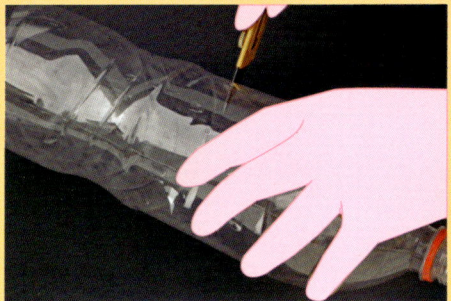
Son fácilmente manipulables y podemos cortarlas con facilidad utilizando un cúter o unas tijeras.

También podemos pintarlas con pintura acrílica, aplicando previamente una mano de imprimación o con laca para bombillas, sin ninguna preparación previa.

Las bases de las botellas de plástico también nos pueden servir como pequeños cuencos y solo con añadirles alrededor del borde una cinta adhesiva decorada quedarán muy vistosos.

Estos botes formados por botellas de plástico también pueden tener utilidad en la cocina, donde podemos aprovechar incluso la parte del tapón para cerrar bolsas de plástico.

Si recortamos la base de dos botellas a diferente altura, utilizando una de ellas como contenedor y la otra como tapa, podemos conseguir unos prácticos recipientes para pequeños materiales.

En este libro encontrarás la manera de utilizarlas para hacer broches (pág. 32), botes para caramelos con forma de manzana (pág. 34), botes para lápices (pág. 36) y estuches con cremallera (pág. 38).

TUBOS de CARTÓN

Los tubos de cartón los encontramos fundamentalmente en el interior de los rollos de papel y plástico de cocina, papel de aluminio y papel higiénico.

Podemos utilizarlos como pequeñas cajas de regalo si los aplastamos y doblamos los bordes.

Y es una excelente idea utilizarlos como semilleros.

CONSEJO

Los tubos de cartón resultantes de los residuos domésticos son, por regla general, de bajo gramaje y se pueden cortar fácilmente con unas tijeras. Para poder cortar los tubos de mayor gramaje, como los que se utilizan en la distribución de telas o de láminas de gran tamaño, hay que usar herramientas similares a las que emplearíamos para cortar madera, como serruchos, seguetas o sierras de calar.

También resultan útiles para organizar pequeños materiales.

Los tubos de cartón son un excelente material para realizar trabajos de filigrana (*ver* el capítulo Técnicas en pág. 22). Entre los proyectos incluidos en este libro encontrarás instrucciones para utilizarlos en la realización de unos bonitos servilleteros (pág. 40), un enrejado decorativo (pág. 42), un marco para un espejo (pág. 44) y un pie para una lámpara (pág. 46).

TETRABRIKS

Tetra Brik® es el nombre comercial del primer envase de cartón apto para contener bebidas. Su nombre se inspira en la palabra inglesa **brick,** que significa «ladrillo» y hace referencia a su forma rectangular.

¿LO SABÍAS?

Muchos expertos cuestionan que los tetrabriks sean «ecológicos». El motivo es que estos envases no son biodegradables y deben de ser tratados en una planta industrial que separe de forma adecuada sus distintos componentes.

La recuperación de todos los materiales que componen un tetrabrik es un proceso muy complejo y en la mayoría de las plantas de tratamiento solamente se recupera la fibra de papel, acabando el polietileno y el aluminio restantes en el vertedero.

Aunque actualmente existen en el mercado cartones para bebidas fabricados por varias empresas, el nombre del envase pionero se ha convertido en genérico.

Los briks están fabricados con cartón y polietileno y, en el caso de que se requiera que el envase sea aséptico, se añade una finísima lámina de aluminio. Se trata de un envase cómodo, resistente y seguro, y es el más empleado para la distribución de leche y zumo.

Para poder usarlos en nuestras manualidades debemos limpiarlos nada más vaciarlos, evitando que los restos del contenido puedan estropearse dentro del envase.

También podemos aprovechar su forma para organizar cajones o guardar pequeños materiales y, como son envases impermeables, se pueden decorar y transformar en floreros (pág. 51).

Podemos utilizarlos para hacer manualidades dejando a la vista la capa interior recubierta de aluminio. Más adelante explicamos la manera de confeccionar una guirnalda (pág. 49) o unas pequeñas cajas de regalo (pág. 53) aprovechando el aspecto metálico de este cartón.

HUEVERAS de CARTÓN

Otro tipo de envases que vamos a encontrar con frecuencia, y que podemos reciclar o reutilizar fácilmente, son los envases de huevos. Podemos aprovechar el cartón de estos envases para fabricar papel maché, recortarlos y pintarlos para formar figuras o usarlos tal cual, pero cambiando el contenido.

¿LO SABÍAS?

Las hueveras de cartón se fabrican con papel reciclado y deben su característico color gris a la utilización de papel de periódico sin destintar.

Con unas plantas crasas podemos crear un centro de mesa de lo más coqueto.

Y colocando en su interior unos calcetines tendremos un regalo para un recién nacido con una presentación muy original.

También se pueden utilizar para organizar un pequeño costurero (pág. 56), para hacer flores (pág. 58) o para decorar una guirnalda de luces (pág. 59), siguiendo los tutoriales que encontrarás en la sección de proyectos.

CD y DVD

Los CD y los DVD son discos recubiertos de plástico y utilizados para grabar todo tipo de datos.
Una vez que han dejado de tener utilidad podemos reciclar el plástico que los recubre.

¿LO SABÍAS?

Los CD y los DVD están fabricados al 98 % de policarbonato, una materia prima de elevado valor técnico en la industria. Con el fin de que puedan ser reciclados, debemos depositarlos en contenedores específicos para este material o entregarlos en un punto limpio.

Tanto los CD como los DVD se pueden trocear utilizando unas tijeras grandes.

Los DVD llevan una doble capa de plástico, por lo que, si queremos eliminar el disco plateado donde están grabados los datos, debemos separar las dos capas.

Cortados en pequeños trozos y conservando la capa plateada, pueden emplearse para decorar objetos.

También pueden transformarse en teselas para mosaicos, como veremos más adelante (pág. 26).

CAJAS de CARTÓN

Las cajas de cartón son uno de los embalajes más utilizados en la distribución de todo tipo de productos. Desde los zapatos hasta los electrodomésticos, nos encontramos con todo tipo de cajas de diferentes tamaños realizadas con cartones de distintos gramajes.

¿LO SABÍAS?

Las primeras cajas de cartón precortado fueron fabricadas por el escocés Robert Gair en 1890. Robert Gair, considerado el padre del cartón plegado, desarrolló un estilo de caja estándar con hendidos y pegado de la solapa, conocida como «caja americana», muy similar al sistema actual de fabricación de cajas de cartón.

Cualquier caja de cartón es susceptible de ser reutilizada para guardar cosas y, si además la forramos con un papel bonito, podemos compaginar belleza y utilidad.

CONSEJO

1. Para forrar las cajas de cartón es mejor utilizar un papel grueso, para evitar que pueda romperse al humedecerlo con el pegamento.
2. Podemos utilizar cualquier adhesivo, pero obtendremos los mejores resultados utilizando cola de empapelar o cola blanca.
3. Para forrar una caja con tela hay que extender el pegamento sobre el cartón en una capa muy fina para que el adhesivo no traspase y manche la tela.

Dependiendo de su forma las podemos reutilizar para guardar diferentes materiales. Por ejemplo, una caja de bombones es ideal para conservar en orden nuestras bobinas de hilo.

Desmontando las cajas grandes podemos transformar el cartón en diferentes objetos decorativos. En este libro encontrarás las instrucciones para realizar con cartón una letra tridimensional (pág. 66) y tres estrellas decorativas (pág. 68), convertir la tapa de una caja de zapatos en un bonito cuadro (pág. 64) o realizar una moderna lámpara (pág. 71) e incluso una estantería (pág. 74).

LATAS de CONSERVA

Se denomina lata a cualquier envase de hojalata o aluminio adecuado para envasar productos en conserva o bebidas.

Son muchos los alimentos que se comercializan en conserva, así que es fácil encontrar latas de diferentes tamaños en cualquier casa.

¿LO SABÍAS?

La distribución comercial de alimentos enlatados se inició en 1813 con la fabricación de latas para la Armada británica, pero hasta 44 años después no fue inventado el primer abrelatas.

Las latas de bebida tienen un origen mucho más reciente y, aunque la primera lata con tapa plana se lanzó en el año 1935, no se popularizó su utilización hasta 1965, con la introducción de la tapa abrefácil. El sistema de anilla no desprendible, que es el más utilizado hoy en día, no se comenzó a utilizar hasta finales de 1980.

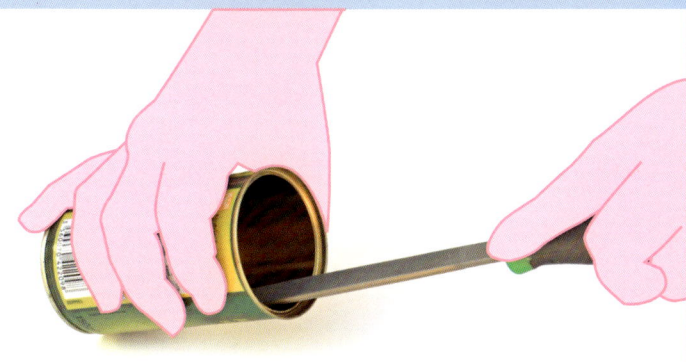

Debido a su sistema de apertura, el borde de las latas puede cortar, por lo que es conveniente que limemos los bordes para evitar accidentes. Utilizando una lima de media caña para metal resulta muy fácil rematarlas para que no resulten peligrosas.

Se pintan con facilidad utilizando pintura acrílica y se les puede aplicar la técnica del *découpage* con resultados muy vistosos.

... como candeleros,

Forradas con tela, papel o con un detalle de cinta adhesiva decorada (*washi tape*), se pueden reutilizar como portalápices,

¿LO SABÍAS?

No es lo mismo basura que residuo. No toda la basura es igual, por lo que es importante diferenciar entre la cantidad de cosas de las que nos desprendemos cada día.

La basura es aquello a lo que ya no lo podemos dar otro uso y, por tanto, debemos deshacernos de ella; sin embargo, un residuo es algo que nos sobra al realizar alguna actividad pero que puede ser reutilizado en cualquier otra, como las botellas de plástico o las latas de aluminio.

... o como maceteros.

... como recipiente para los cubiertos,

Si quieres reutilizar latas de conserva, en este libro encontrarás tres proyectos paso a paso que te permitirán realizar un candelero (pág. 79), un organizador para el escritorio (pág. 81) y un portaherramientas (pág. 76).

PINCELES

La realización y acabado de manualidades requiere, en muchas ocasiones, la utilización de pinceles. Existen múltiples tipos de pinceles dependiendo de la forma, el tipo de pelo utilizado en su confección o el grosor, pero para los proyectos que desarrollamos en este libro es suficiente con disponer de cuatro o cinco pinceles de diferentes tamaños

TRUCOS

- Si se nos acaba el aguarrás, podemos limpiar los pinceles utilizando aceite de oliva o de girasol, incluso aceite usado. Una vez retirado el exceso de pintura sumergiendo el pincel en el aceite, se seca con un trapo o un papel y se lava el pincel con agua y jabón.
- Para que las brochas y los pinceles duren más tiempo, antes de utilizarlos podemos meterlos durante doce horas en aceite de linaza.
- Para recuperar pinceles estropeados los sumergimos en un disolvente unas horas o en agua hirviendo durante unos minutos.

Necesitaremos:
- Pincel ancho y plano (pinceleta), para rellenar y aplicar enlucidos o imprimación en piezas grandes.
- Pincel plano para aplicar rellenos en superficies más pequeñas.
- Pincel de punta fina, para delinear y dibujar detalles.

Para que los pinceles no se estropeen rápidamente es necesario aplicarles unos cuidados mínimos:
- Es conveniente utilizar pinceles diferentes para cada tipo de pintura, sin mezclar los empleados para pinturas con diferentes disolventes (agua, aguarrás, trementina, etc.)
- No hay que dejar los pinceles sumergidos con las cerdas hacia abajo, porque se dañarán. Existen botes limpiapinceles que permiten mantener los pinceles húmedos sin que apoyen sobre el fondo.
- Hay que limpiar los pinceles después de usarlos, sin dar tiempo a que se seque la pintura. Se retira el exceso de pintura con un trozo de papel absorbente y se limpia con el disolvente adecuado, dejándolos secar al aire sobre una superficie plana.

PINTURAS Y ESMALTES

Pinturas acrílicas y témperas

Las pinturas acrílicas son las más utilizadas en las manualidades y las encontramos en diferentes formatos y en una amplia variedad de colores. Son solubles en agua y secan rápidamente. Se pueden utilizar sobre cualquier superficie porosa, como papel, cartón o madera. En otras superficies, como metal o plástico, necesitan una mano previa de imprimación.

Las témperas son las pinturas más antiguas y también las más económicas. Se pueden conseguir ya preparadas o en polvo, para mezclar con agua. Son lavables y solubles en agua y están especialmente indicadas para pintar papel y cartón. La témpera es menos resistente que la pintura acrílica, pero se puede aumentar su durabilidad protegiéndola con un barniz transparente.

Pinturas para vidrio

Son pinturas brillantes y translúcidas de secado rápido y están indicadas para utilizarlas sobre vidrio o cristal, aunque también tienen una buena adherencia sobre plástico, metal y otras superficies no porosas. Precisan de un disolvente específico para pinturas vitrales.

¿LO SABÍAS?

Para conseguir pintura acrílica casera solo tenemos que mezclar al 50 % cola blanca de carpintero con témpera. La pintura estará preparada cuando la mezcla sea totalmente homogénea y no se distinga ningún rastro blanco de cola en la témpera.

CÓMO HACER PINTURA NO TÓXICA

Ingredientes:
- ½ taza de harina de maíz
- 2 tazas de agua fría
- 4 cucharadas de azúcar
- colorante alimentario

Mezclamos en una olla el azúcar, la harina y el agua y calentamos a fuego medio, removiendo constantemente hasta que empiece a espesar.

Cuando la mezcla tenga una consistencia adecuada, la retiramos del fuego y continuamos removiendo hasta que se enfríe.

Separamos la mezcla en diferentes cuencos y añadimos los colorantes alimentarios.

Pinturas tipo esmalte

Las pinturas tipo esmalte podemos encontrarlas habitualmente en bote o en espray y pueden ser sintéticas o acrílicas.

Los esmaltes sintéticos se diluyen en aguarrás. Pueden tener un acabado brillante, satinado o mate y son muy resistentes. Se esparcen muy fácilmente al ser aplicados, dejando una superficie suave y sin rayones, y tienen una gran durabilidad y resistencia a la intemperie.

Los esmaltes acrílicos se diluyen con agua. Su gran ventaja frente a los sintéticos es su escaso olor, que desaparece rápidamente.

Betún de Judea

El betún de Judea es tinte derivado del petróleo que se diluye en aguarrás o trementina y se utiliza para dar color a piezas de base porosa o para aplicar un efecto envejecido a las superficies pintadas.

Imprimación

La imprimación es un material parecido a la pintura y se aplica de la misma manera, pero su función no es la de finalizar el acabado de una pieza, sino preparar la superficie para la posterior aplicación de la pintura, facilitando su adherencia.

Se puede aplicar en cualquier superficie, lo que no significa que todas las superficies necesiten imprimación antes de ser pintadas. Un truco para saber si se necesita imprimación es pintar una pequeña zona, esperar a que se seque y luego comprobar si la pintura se despega.

Aunque existen imprimaciones específicas para diferentes materiales, podemos utilizar una imprimación universal, siempre teniendo en cuenta que la imprimación debe de tener el mismo diluyente que la pintura que vayamos a utilizar sobre ella (agua o aguarrás).

CÓMO HACER PINTURA DE TIZA

Ingredientes:
- 1 taza de pintura acrílica (de cualquier color)
- 1 cucharada de tiza rallada
- 1/4 taza de agua caliente

Rallamos y machacamos la tiza hasta convertirla en polvo fino. Añadimos la tiza al agua caliente y mezclamos hasta que esté completamente disuelta.

Poco a poco agregamos esta mezcla a la pintura, sin dejar de remover, hasta que quede completamente homogénea.

Una vez aplicada y seca, esta pintura tiene un aspecto mate y podemos escribir sobre ella utilizando una tiza.

Cada 17 de mayo se celebra en numerosos países el **Día Mundial del Reciclaje**. La idea surgió en Texas en 1994 y su objetivo principal es lograr una conciencia ecológica que permita tratar los residuos urbanos de una manera adecuada, para así frenar el cambio climático y proteger el medio ambiente.

Tijeras y otras herramientas de corte

Tijeras
Una de las herramientas imprescindibles para casi todo tipo de manualidades son las tijeras. Se emplean para el corte de diferentes materiales y las hay en multitud de tamaños y formatos.

Cortar diferentes materiales con las mismas tijeras estropea el filo, por lo que es conveniente tener tijeras distintas para distintos materiales. Las tijeras deben cortar con facilidad; si el esfuerzo necesario para cortar es excesivo, significa que no se está utilizando la herramienta adecuada. Las tijeras grandes permiten cortar materiales gruesos, mientras que las más pequeñas se utilizan para recortar con detalle.

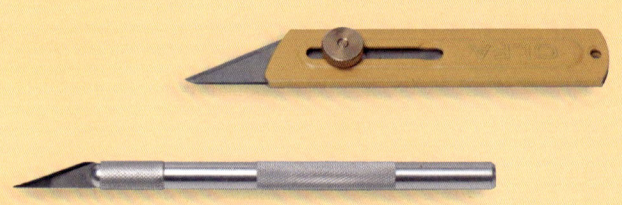

Cúter
Herramienta de corte parecida a un cuchillo, pero con una hoja de acero retráctil y recambiable. Por su diseño permite ejercer una mayor presión al cortar y, utilizada con una regla, permite cortes rectos. Dependiendo del grosor de la hoja se puede cortar papel, cartón, plástico, etc.

¿LO SABÍAS?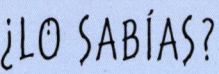
El uso de las tijeras se remonta a la Edad del Bronce, aunque entonces tenían forma de C y llevaban un muelle.
El diseño actual se remonta al siglo XIV, cuando aparecen las primeras tijeras con dos cuchillas cruzadas y atravesadas por un pasador.
Hasta el siglo XVII no se generalizó el uso de las tijeras y es a finales del siglo XIX cuando la mecanización simplificó los estilos de fabricación y las tijeras pasaron a ser similares a las que utilizamos hoy.

TRUCOS CASEROS PARA AFILAR LAS TIJERAS

Truco 1
Colocamos un papel de lija de grano fino (150 o 200) boca abajo sobre la superficie de trabajo.
Cortamos el papel de lija en tiras. Conforme vayamos cortando tiras notaremos que las tijeras están más afiladas.

Truco 2
Cogemos un pedazo de papel de aluminio del que utilizamos en la cocina (con 10 cm de largo es suficiente).
Lo doblamos varias veces a lo largo para obtener una tira gruesa.
Cortamos el papel de aluminio en tiras hasta que notemos las tijeras afiladas.

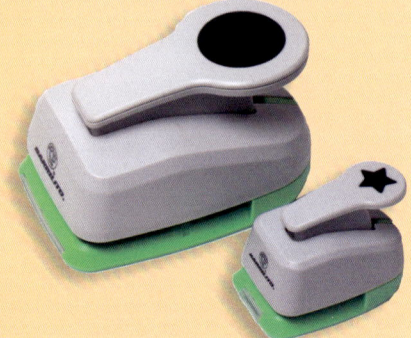

Troqueles para manualidades
Son cortadores similares a los que se han usado siempre para perforar las hojas para las carpetas de anillas. La diferencia de los troqueles para manualidades es que tienen formas decorativas. Los hay de diferentes tipos y tamaños y se pueden utilizar para cortar papel, cartulina, láminas finas de metal, fieltro, goma eva, etc.

ADHESIVOS

Cuando hablamos de adhesivo, cola o pegamento, nos referimos a una sustancia que puede mantener unidos dos o más cuerpos por contacto superficial.

Podemos encontrar en el mercado multitud de adhesivos de origen sintético (a base de polímeros derivados del petróleo), de origen vegetal (derivados de la fécula de patata, maíz, caucho...) o de origen animal (fabricados a base de pieles de animales, esqueletos o derivados lácteos), aptos para pegar cualquier tipo de superficie, ya sea tela, metal, plástico, madera, etc.

Sin despreciar las prestaciones que nos pueden ofrecer los pegamentos especializados, los adhesivos utilizados en los proyectos desarrollados en este libro son polivalentes y adecuados para unir distintas superficies.

Pegamento en espray
Muy cómodo de aplicar en grandes superficies. Crea una película fina y uniforme en segundos.

Cola blanca de carpintero
Utilizada habitualmente en carpintería para realizar uniones en madera, tiene muchas más aplicaciones. La usaremos para hacer papel maché y cartapesta, y como barniz protector de los trabajos en papel.

Silicona líquida
Sin olor y fácil de aplicar, está especialmente indicada para trabajar con goma eva, pero funciona muy bien para pegar tela, cartón, madera o fieltro. En los 3 o 4 minutos previos al secado definitivo se puede limpiar o corregir cualquier trabajo que requiera un ajuste final.

Pegamento termofusible
Se aplica con ayuda de una pistola que tiene que conectarse a la corriente eléctrica y que permite fundir las barras de pegamento. Una vez aplicado, el pegamento fundido se enfría rápidamente generando una unión muy resistente. Funciona bien con materiales diversos y es especialmente práctico para piezas que necesiten fijarse con rapidez.

RECETAS para hacer PEGAMENTO CASERO

PEGAMENTO DE NATA

Calentamos nata y le añadimos un chorro de vinagre para que se corte.

Separamos la parte líquida de la sólida utilizando un filtro de café.

A la parte sólida que hemos separado, que es caseína, le añadimos un cuarto de cucharada de bicarbonato sódico para neutralizar el vinagre y una cucharada de agua caliente, para darle una textura más ligera.

El resultado es un pegamento más o menos líquido, dependiendo del agua que le hayamos añadido y es similar al pegamento de barra.

Se puede conservar varios días en un tarro hermético.

PEGAMENTO DE ARROZ

Colocamos al fuego 300 ml de agua y 200 gramos de arroz y hervimos a fuego lento hasta que el arroz esté pasado y suelte todo el almidón.

Retiramos entonces el arroz y seguimos cociendo hasta que el pegamento adquiera una consistencia pastosa.

CONSEJOS

Antes de utilizar cualquier pegamento:
1. Lee las instrucciones de uso con atención. Utilizar el pegamento adecuadamente es imprescindible para conseguir el resultado deseado.
2. Limpia y seca las superficies que vayas a pegar. La presencia de humedad, polvo o grasa puede reducir la adherencia del pegamento.
- Aplica la cantidad recomendada. Un exceso de pegamento no garantiza una mayor adherencia, pudiendo incluso producir el efecto contrario.
- Siempre que sea posible utiliza los pegamentos en el exterior o con una correcta ventilación. Muchos pegamentos pueden provocar una intoxicación por inhalación, debido a sus componentes.
- Mantén siempre los envases de pegamento alejados del alcance de los niños. Solo deben utilizar los pegamentos elaborados específicamente para ellos.

PEGAMENTO DE GELATINA

Ingredientes:
- 2 sobres de gelatina neutra
- 2 cucharadas de vinagre blanco
- 2 cucharadas de glicerina
- ½ taza de agua

Disolvemos los dos sobres de gelatina en agua fría y calentamos la mezcla al baño maría, removiendo hasta que quede una mezcla sin grumos.

Una vez que se ha templado la gelatina, añadimos el vinagre y la glicerina y mezclamos todo bien.

Cuando la mezcla se ha enfriado, la envasamos en un tarro y podemos conservarla hasta seis meses si la guardamos en un lugar oscuro y seco.

Lijas y Limas

En algunas ocasiones la realización o la finalización de un trabajo requieren de un afinado o desbastado de las superficies, que podemos realizar de manera manual con una lija o una lima.

Lijas

Aunque tenemos a nuestra disposición lijadoras eléctricas que nos pueden ayudar en este proceso cuando trabajamos en superficies grandes, para pequeños objetos puede resultar más práctico utilizar hojas de lija.

Las hojas de lija se comercializan habitualmente en tamaño DIN A-4 y consisten en un pliego de papel o tela sobre el que se han pegado pequeñas partículas abrasivas. Según el tamaño de estas partículas, la lija resultará más o menos áspera. En la parte trasera de las hojas de lija encontramos un número de grano que nos da información sobre el tamaño del mismo. Cuanto menor es el número de grano, más basto será el lijado.

CONSEJO

El lijado es un proceso que produce bastante polvo, por lo que es recomendable protegerse la vista con una gafas adecuadas y usar una mascarilla que impida su inhalación.

Nº de la lija	Tipo de lija
de 40 a 50	muy gruesa
de 60 a 80	gruesa
De 100 a 120	media
De 150 a 180	fina
de 240 a 400	muy fina

También resultan muy prácticas las esponjas lijadoras, por su capacidad de adaptarse a formas complicadas debido a su gran flexibilidad. Son muy versátiles, fáciles de utilizar y se fabrican en dos gruesos. Son más duraderas que las hojas de papel o tela, porque pueden limpiarse con agua después de su utilización para volver a usarlas.

Limas

Cuando se trata de alisar metales y otras materias duras que no podamos desgastar con la lija, debemos utilizar una lima.

Las limas son herramientas de acero templado, con la superficie finamente estriada en uno o en dos sentidos. Las hay en multitud de formas y tamaños. Las principales, según su forma, son: plana, triangular, de media caña y redonda.

TÉCNICAS

FILIGRANAS con TUBOS de CARTÓN

Una de las formas más bonitas de reciclar tubos de cartón es utilizarlos para hacer filigranas. Aunque la filigrana es en realidad un arte perteneciente al mundo de la orfebrería, actualmente también empleamos este término para denominar la técnica que utiliza tiras de papel o cartulina enrolladas para formar diseños decorativos.

Transformar los tubos de cartón en filigranas es un proceso algo laborioso, pero el resultado final compensa con creces el tiempo empleado en realizarlo, ya que, una vez acabado el trabajo, es difícil adivinar que está compuesto por trozos de cartón.

Para realizar filigranas comenzamos por pintar los tubos con pintura acrílica de color negro, tanto por el interior como por el exterior.

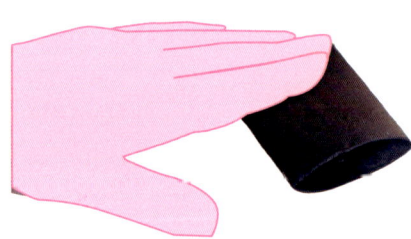

Una vez seca la pintura, aplastamos el tubo con la mano.

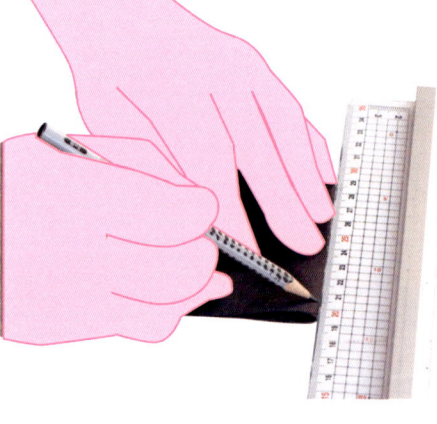

Con ayuda de una regla y un lápiz, marcamos el tubo en secciones de 1 cm de ancho.

Cortamos con unas tijeras por las líneas marcadas para obtener trozos de cartón con forma de hoja.

Esta es la pieza básica de las filigranas, que podemos seguir doblando o enrollando para conseguir otras formas.

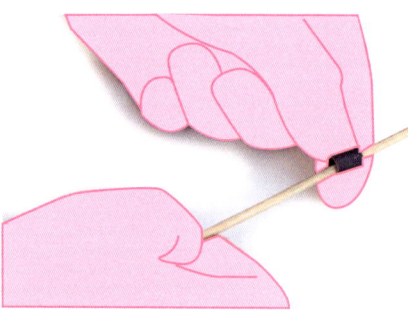

Si cortamos la hoja y, con ayuda de un palo finito (como los que se utilizan para hacer brochetas), enrollamos los extremos, podemos obtener diferentes formas.

Dependiendo de cómo enrollemos las tiras de cartón podemos obtener diferentes dibujos...

...que podemos ir combinando entre sí para obtener nuevas formas.

Uniendo las diferentes piezas con pegamento vamos formando un diseño geométrico cada vez más elaborado que podemos utilizar como elemento decorativo o para embellecer espejos, marcos, portafotos, etc.

Una vez ensambladas todas las piezas y para que el acabado sea perfecto, aplicamos una mano de pintura acrílica negra que cubra los bordes del cartón y los restos de pegamento que puedan apreciarse en el trabajo.

filigranas con tubos de cartón

PAPEL MACHÉ

Se denomina papel maché a una masa modelable formada básicamente por papel machacado y humedecido. Se puede emplear para realizar figuras o relieves, adquiere dureza cuando se seca y se puede lijar y pintar.
Para preparar papel maché podemos utilizar cualquier tipo de papel o cartón que no esté plastificado, como el papel de periódico o el cartón de los envases de huevos.
Podemos preparar papel maché con papel de periódico de la siguiente manera:

Troceamos con la mano cuatro hojas de papel de periódico y las colocamos en un recipiente. Añadimos agua hasta que el papel quede cubierto (aproximadamente medio litro) y dejamos que se empape durante 24 horas.

Una vez bien empapado el papel, retiramos el exceso de agua y lo trituramos con una batidora de cocina.

Con ayuda de un colador y presionando con una cuchara, extraemos toda el agua que podamos.

Volvemos a exprimir la masa con las manos para dejarla lo más seca posible.

Añadimos 3 cucharadas soperas de cola blanca y amasamos hasta que la cola quede incorporada a la masa.

Seguimos amasando y añadiendo cucharadas de cola blanca poco a poco, hasta que la masa quede flexible y moldeable (entre 7 y 8 cucharadas en total).
Si no la vamos a utilizar inmediatamente, la conservamos envuelta en un plástico para que no se seque.

TÉCNICAS

CARTAPESTA

Se conoce como cartapesta una técnica de origen italiano en la que se utilizan trozos de papel cortados a mano y unidos con un adhesivo para formar objetos, superponiendo capas de papel una sobre otra. Una vez que el papel pierde toda la humedad, el resultado es una superficie rígida y resistente parecida al cartón piedra. Cuantas más capas de papel se hayan superpuesto, más resistencia se obtiene.

Aunque, como en el papel maché, los elementos utilizados son papel y adhesivo, no deben confundirse las técnicas. En la cartapesta se utiliza el papel en pequeños trozos superpuestos, mientras que en el papel maché hay que triturarlo para formar una pasta moldeable.

Podemos utilizar la técnica de la cartapesta para realizar todo tipo de piezas o para envolver cualquier objeto con el fin de darle dureza o modificar su acabado.

Se puede utilizar cualquier tipo de papel que no esté plastificado, aunque el más usado es el papel de periódico. Una vez que la cartapesta está completamente seca, podemos pintar directamente encima o aplicar una capa de enlucido.

Para envolver un objeto con esta técnica comenzamos por trocear el papel a mano. Los trozos de papel que cortemos deben tener un tamaño proporcionado a la pieza que queremos recubrir y a la complejidad de la misma. Una pieza con muchos detalles y recovecos precisará trozos de papel pequeños que se puedan ir ajustando a todos los relieves; por el contrario, con una pieza lisa podemos utilizar trozos de papel más grandes.

Con una pinceleta vamos aplicando el pegamento en la superficie que deseamos cubrir; colocamos un trozo de papel y volvemos a untar con pegamento por encima del papel. Como adhesivo puede utilizarse cola para empapelar o cola blanca de carpintero.

Vamos colocando trozos de papel hasta envolver totalmente la pieza y superponemos diferentes capas, dependiendo de la dureza que queramos conseguir.

Una vez totalmente seca la pieza, podemos aplicar una capa de enlucido. Para preparar la pasta que utilizaremos en el enlucido mezclamos en un recipiente adecuado tres partes de aguaplast y una parte de agua. Cuando el enlucido se haya secado, lijamos con una lija de grano fino y retiramos el polvo con una esponja ligeramente húmeda antes de pintar.

TESELAS con PLÁSTICO

Se llama tesela a cada una de las pequeñas piezas que forman un mosaico y, aunque tradicionalmente son de piedra, terracota o vidrio, también podemos hacerlas utilizando el plástico de los CD. Este es el procedimiento que seguiremos para convertir un CD inservible en un puñado de teselas.

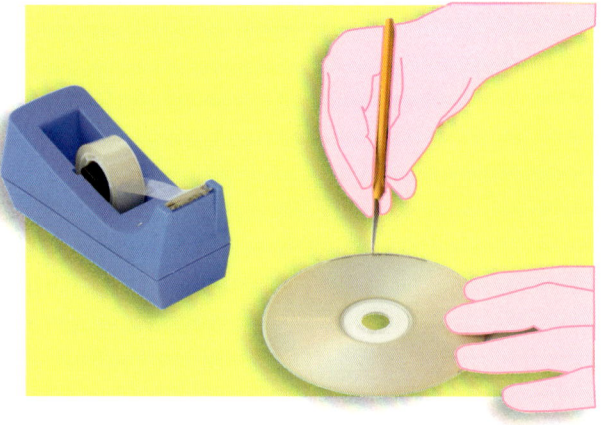

Con ayuda de un cúter raspamos un trocito de la capa plateada que recubre el CD.

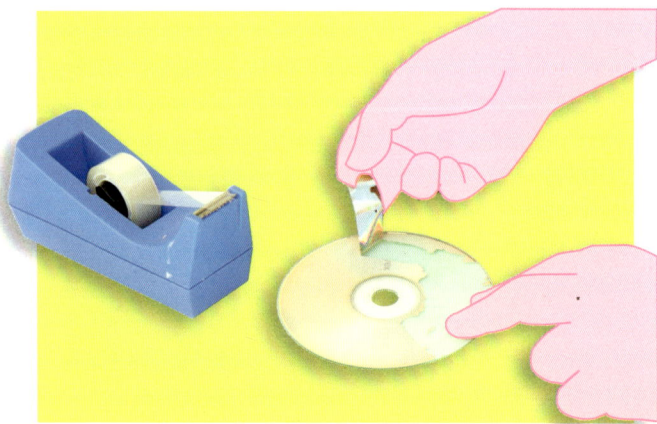

Pegamos papel celo sobre el raspado y levantamos. La capa plateada se va quedando pegada en el celo y el CD queda transparente.

Terminamos de limpiar el CD con un algodón impregnado en alcohol.

TÉCNICAS

Utilizamos un papel cuadriculado para dibujar una plantilla con la forma y el tamaño que queramos que tengan las teselas que vamos a hacer.

Sujetamos la plantilla al CD con unos trocitos de celo y cortamos por las líneas.

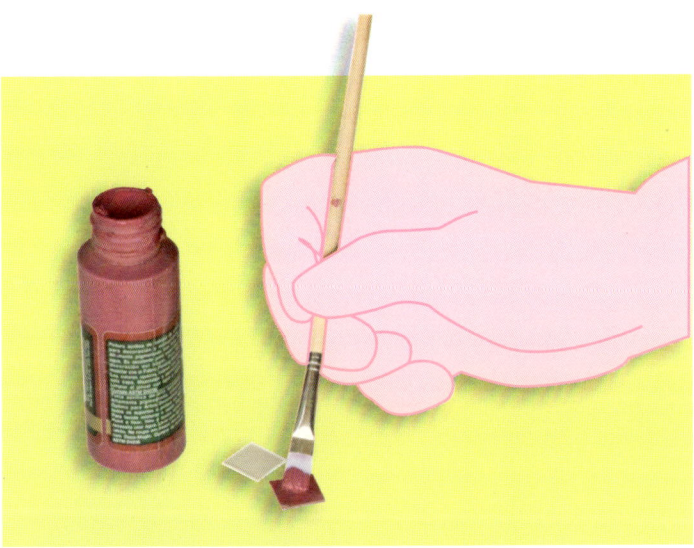

Pintamos con pintura acrílica una de las piezas recortadas y colocamos otra encima. Quedará como un emparedado con la pintura en el centro.

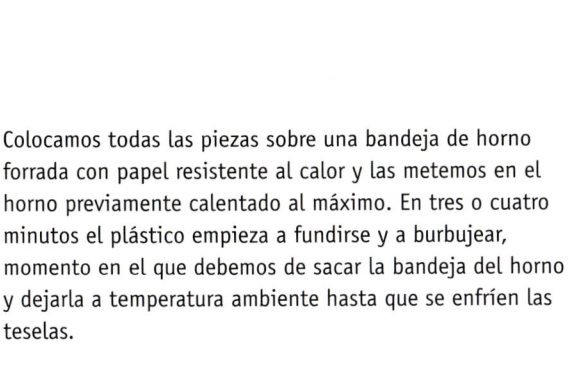

Colocamos todas las piezas sobre una bandeja de horno forrada con papel resistente al calor y las metemos en el horno previamente calentado al máximo. En tres o cuatro minutos el plástico empieza a fundirse y a burbujear, momento en el que debemos de sacar la bandeja del horno y dejarla a temperatura ambiente hasta que se enfríen las teselas.

teselas de plástico

DÉCOUPAGE

La técnica del ***découpage*** se utiliza para decorar todo tipo de objetos y consiste en aplicar una imagen de papel o tela sobre una superficie, de manera que una vez terminada la pieza parezca que está pintada.

Para decorar con ***découpage*** se puede utilizar cualquier tipo de papel: de regalo, cromos, láminas, fotocopias, papel de arroz, papel de seda, etc.

Uno de los papeles mas utilizados es el de las servilletas, ya que al ser muy fino es fácil de integrar en la superficie trabajada sin necesidad de utilizar muchas capas de barniz.

Los materiales necesarios son:
- La imagen que vayamos a utilizar de papel o tela fina.
- Unas tijeras pequeñas bien afiladas.
- Un pincel suave para aplicar la cola y/o el barniz y para eliminar las burbujas de aire y alisar el papel.
- Pegamento y/o barniz. Podemos utilizar productos específicos para esta técnica o utilizar cola blanca diluida con agua, siempre que trabajemos sobre una superficie porosa como la madera o el cartón.

Cómo aplicamos el *découpage:*

Preparamos la superficie del objeto que vayamos a decorar aplicando una o varias manos de pintura. Si el papel que vamos a utilizar es muy fino puede que la pintura se transparente a través del papel, cosa que debemos tener en cuenta a la hora de elegir el color. Dejamos secar la pintura completamente.

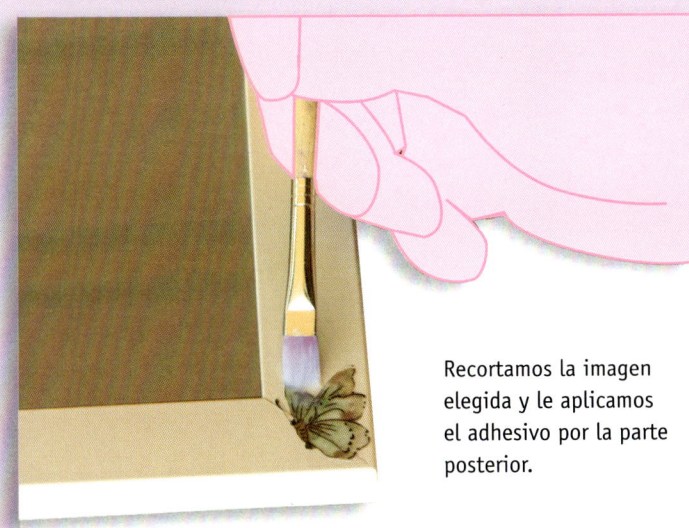

Recortamos la imagen elegida y le aplicamos el adhesivo por la parte posterior.

Colocamos sobre la superficie que deseamos decorar y con el pincel extendemos más adhesivo sobre el dibujo, trabajando siempre desde el centro hacia los bordes para extraer las burbujas de aire y alisar todas las arrugas que hayan podido formarse.
Una vez que el papel se ha secado, aplicamos sucesivas capas de cola o barniz, hasta que el dibujo quede integrado.

Sobre la superficie terminada podemos aplicar diferentes acabados, craquelados, patinados, envejecidos, etc.

¿Para qué sirve RECICLAR PAPEL?

PARA SALVAR LOS BOSQUES
Una tonelada de papel reciclado salva la vida de 15 árboles adultos.

PARA AHORRAR ENERGÍA
Requiere un 60 % menos de energía fabricar papel a partir de pulpa reciclada que a partir de celulosa virgen.

PARA AHORRAR AGUA
Una tonelada de papel reciclado ahorra mas de 30.000 litros de agua.

PARA REDUCIR LA PRODUCCIÓN DE BASURA
Los basureros crecen a un ritmo considerablemente menor desde que se recicla el papel.

PARA AHORRAR DINERO
El productor reduce su gasto en fibra en un 25 %, por lo que el consumidor deberá pagar menos por artículos fabricados con papel reciclado.

Los SÍMBOLOS del RECICLAJE

Cuándo surgen y qué significan los distintivos que acompañan a los envases que usamos.

Bucle de Möbius *(Möbius loop)*. Indica que los materiales con los que ha sido fabricado un producto pueden reciclarse. Su diseño fue obra de un estudiante de la Universidad de California que presentó en 1970 esta adaptación (en forma de triángulo) del símbolo del matemático Möbius para un concurso (que ganó) de la Container Corporation of America (empresa de cajas de cartón) con motivo del Día de la Tierra (22 abril). Cada una de las flechas alude a un paso distinto del proceso de reciclaje: la recogida, la transfomación y la vuelta al mercado de las materias primas reutilizadas. Si aparece un porcentaje en su interior alude a que solo es reciclable en esa cantidad.

Tidyman. Este simpático hombrecillo nos anima a depositar cada residuo en el lugar oportuno (papelera, contenedor, iglú verde o punto limpio).

Punto verde. El punto verde que incluyen ciertos envases asegura que estos serán gestionados gracias a un Sistema Integrado de Gestión (Ecoembes en España). El símbolo fue creado en 1991 por la entidad privada sin ánimo de lucro Duales System Deutschland AG (encargada de la recogida y reciclaje de paquetes).

Cartón reciclable. Utilizado en platos y vasos de usar y tirar, hueveras, briks, cajas y envases alimentarios.

Aluminio reciclable. El símbolo indica que la lata o el envase están hechos de este material. Lo encontramos en latas de refrescos, de conservas, etc.

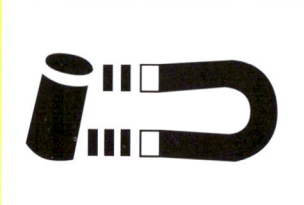

Acero reciclable. Indica que el residuo está fabricado de este material.
Lo encontramos en utensilios de cocina, envases de comida y bebida, electrodomésticos y aparatos eléctricos.

Recogida selectiva de aparatos eléctricos y baterías. Indica la recogida selectiva de los aparatos eléctricos y electrónicos (AEE), una vez finalizada su vida útil, para que entren en el circuito de reciclaje y no acaben en contenedores de basura no autorizados.
Lo encontramos en grandes y pequeños electrodomésticos, pilas, baterías, acumuladores, equipos de informática, aparatos electrónicos de consumo, de alumbrado, herramientas eléctricas o electrónicas, juguetes, equipos médicos, instrumentos de vigilancia, etc.

PROYECTOS

BROCHES

[**DIFICULTAD** Fácil]

[**MATERIALES y HERRAMIENTAS**]

- Plástico de botella azul
- Plástico de botella transparente
- Papel
- Tijeras
- Vela
- Pinzas
- Pistola de silicona caliente
- Broche en forma de aguja

1

Doblamos un trocito de papel por la mitad y recortamos la forma de una hoja.

2
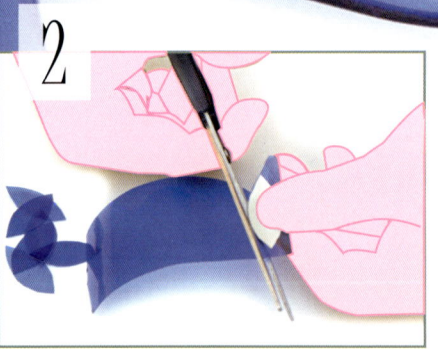

Utilizamos esta hoja como patrón para recortar doce hojas en el plástico de la botella de color azul.

3

Sujetamos con unas pinzas cada hoja y las vamos acercando al calor de una vela, hasta que se derritan ligeramente los bordes.

4

Así vamos formando los pétalos de la flor, que quedan ligeramente más pequeños y con los bordes rematados.

5
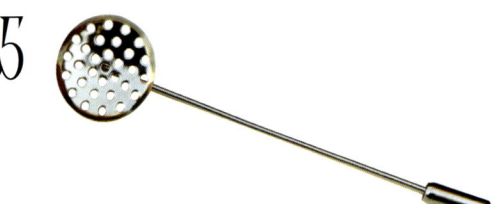

Para montar la flor utilizamos un broche en forma de aguja, pero con espacio suficiente para que podamos pegar los pétalos.

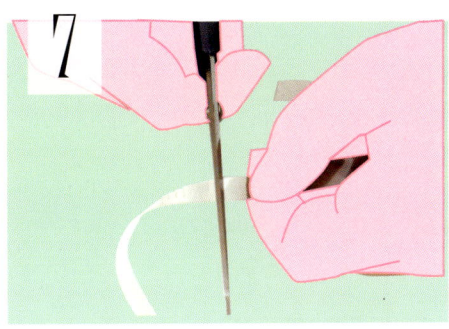
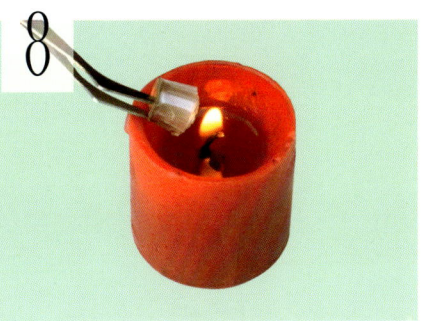

6 Utilizamos la pistola de silicona caliente para pegar los pétalos. Pegamos seis pétalos en la base del alfiler y luego otro seis encima de los anteriores, intercalándolos.

7 Utilizamos el plástico de la botella transparente para cortar una tira de 1 cm de ancho por 10 cm de largo. Hacemos pequeños cortes en el borde de la tira para formar flecos y la enrollamos pegando el extremo con una gotita de silicona caliente para que el rollo no se nos deshaga.

8 Acercamos el rollito a la vela por la parte donde hemos cortado los flecos, hasta que estos adquieran una forma redondeada.

9 Pegamos el rollo de plástico transparente en el centro de la flor.

10 Cortamos y montamos 18 pétalos para formar otro modelo de flor. En este caso se pegan los pétalos en cuatro vueltas: la primera con seis pétalos, la segunda con otros seis, en la tercera se colocan solo cinco pétalos y por último uno en el centro.

CURIOSIDADES

- Cada botella que acaba en el contenedor amarillo evita consumir la electricidad que necesitaría una bombilla de 100 vatios durante cuatro horas, mientras que con cuatro botellas recicladas se ahorra la electricidad necesaria para mantener encendido un frigorífico todo el día.

- Cada 133 toneladas de papel que se reciclan se ahorra en vertederos un espacio equivalente a una piscina olímpica llena. Si reciclamos una tonelada de papel ahorramos 14 árboles de tamaño mediano, 130.000 litros de agua y 9.600 kw/h de energía, la suficiente para suministrar electricidad a una familia media durante un año. Si esa familia recicla su papel durante un año, evitará que se talen tres árboles, ahorrará 34.000 litros de agua y energía eléctrica para cuatro meses

- Los envases tipo brik se pueden reciclar de forma conjunta: se trituran y se obtiene un granulado que, al calentarlo y aplastarlo con una prensa, hace que el plástico se funda y se una a los demás componentes formando una plancha de un producto similar al aglomerado de madera denominado tectán, con el que se fabrican desde suelos hasta muebles.

- Una sola pila puede contaminar hasta 3.000 litros de agua y una pila botón de mercurio, hasta 600.000 litros de agua, el equivalente al consumo de 30 personas durante toda su vida.

broches

BOTE para CARAMELOS

[DIFICULTAD Fácil]

[MATERIALES y HERRAMIENTAS]

· 2 botellas grandes de plástico transparente
· 1 botella de plástico verde
· Cúter y/o tijeras
· Pintura vitral
· Pincel
· Pinzas
· Vela
· Pistola de silicona caliente

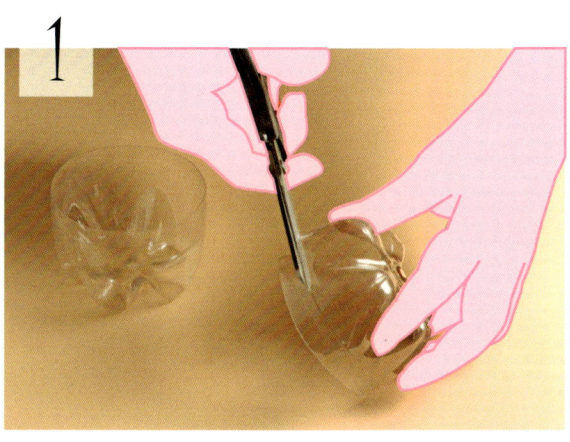

Cortamos la base de dos botellas de plástico a diferente altura: una a 1 cm por encima de la marca que tiene la propia botella y la otra justo por la marca. Nos aseguramos de que podemos encajar una dentro de la otra.

Con pintura vitral pintamos las dos piezas por el exterior en color rojo y dejamos secar.

Recortamos dos hojas y un palito utilizando un trozo de plástico de una botella de color verde.

Aproximamos las hojas que hemos recortado al calor de una vela encendida hasta que el plástico de los bordes se encoja ligeramente y los bordes queden redondeados.

Utilizamos la pistola de silicona caliente para pegar las hojas y el palito sobre una de las bases que hemos pintado antes.

bote para caramelos

BOTES para LÁPICES

[**DIFICULTAD** Intermedia]

[**MATERIALES y HERRAMIENTAS**]

· Botellas de plástico
· Cúter y/o tijeras
· Papel
· Cinta adhesiva (celo)
· Rotulador permanente
· Cinta métrica
· Alcohol y algodón
· Imprimación
· Paletina y pinceles
· Papel carbón
· Pinturas acrílicas de colores
· Plantilla (*ver* pág. 89)

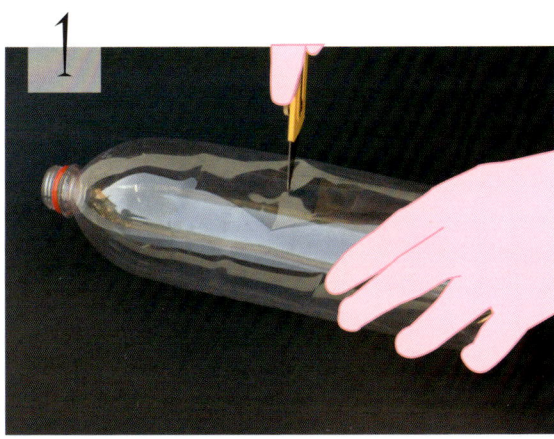

Con el cúter cortamos una botella aproximadamente por la mitad y nos quedamos con la parte de abajo.

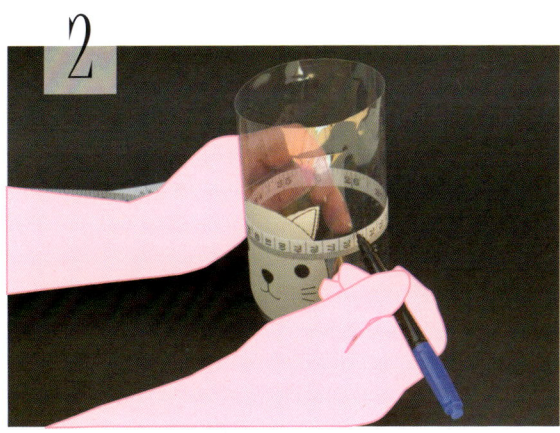

Calcamos en un papel la plantilla (pág. 89), la recortamos y con cinta adhesiva la pegamos a la botella. Colocamos una cinta métrica alrededor de esta por debajo de las orejas de la plantilla y con un rotulador permanente trazamos el contorno.

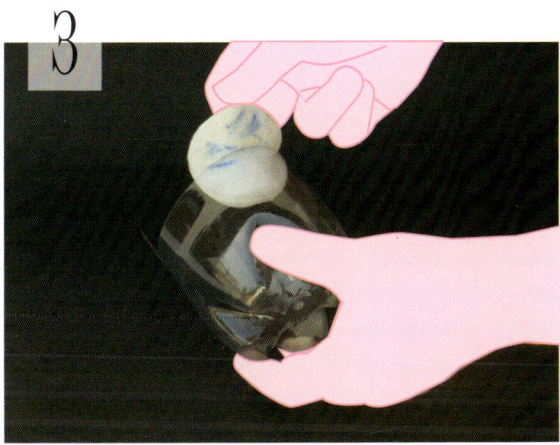

Quitamos la plantilla y recortamos por el contorno que hemos marcado la forma de la cabeza y el círculo restante. Limpiamos con alcohol los bordes para eliminar las marcas del rotulador.

Aplicamos una mano de imprimación. Dejamos secar según las instrucciones del fabricante y aplicamos una segunda mano.

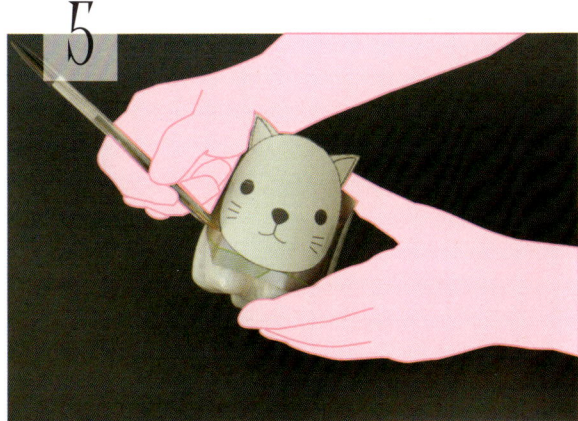

Ponemos de nuevo la plantilla sobre la botella, colocando entre medias un trozo de papel carbón. Marcamos el contorno y los detalles del dibujo.

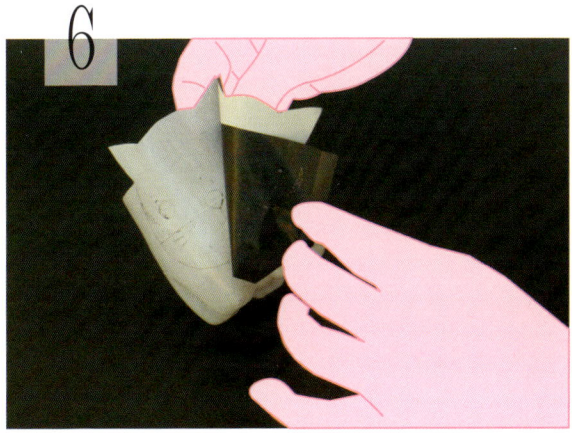

Retiramos la plantilla y el papel carbón, y coloreamos a nuesto gusto con las pinturas acrílicas. En la página 89 encontrarás las plantillas para dos modelos diferentes.

botes para lápices

Estuches con Cremallera

[MATERIALES y HERRAMIENTAS]

- Botellas de plástico
- Cinta métrica
- Rotulador permanente
- Cúter y/o tijeras
- Papel celo decorado (*washi tape*)
- Cremalleras
- Pistola de silicona caliente

[DIFICULTAD   Intermedia]

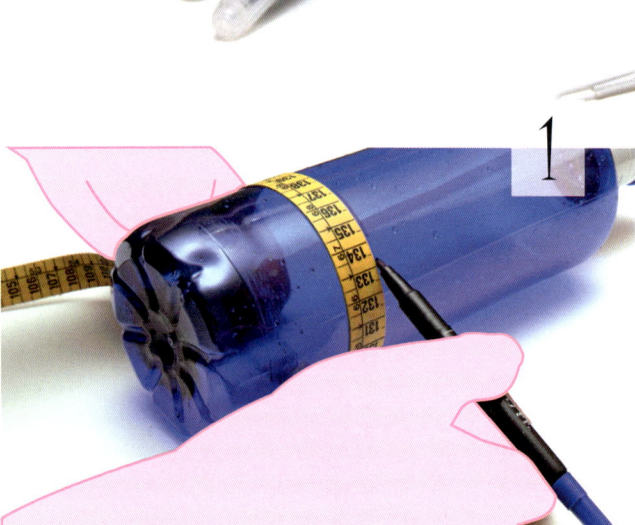

1. Colocamos una cinta métrica alrededor de la botella y con un rotulador permanente marcamos una línea a la altura que queramos, teniendo en cuenta que la base de la botella será una de las dos partes de nuestro estuche.

2. Cortamos un poco más arriba de esa línea con un cúter, para separar la parte superior de la botella. Así, después nos resultará más fácil cortar por la línea.

CON BOTELLAS DE PLÁSTICO

Recortamos con las tijeras por la línea que hemos marcado previamente, procurando que el corte quede lo más recto posible.

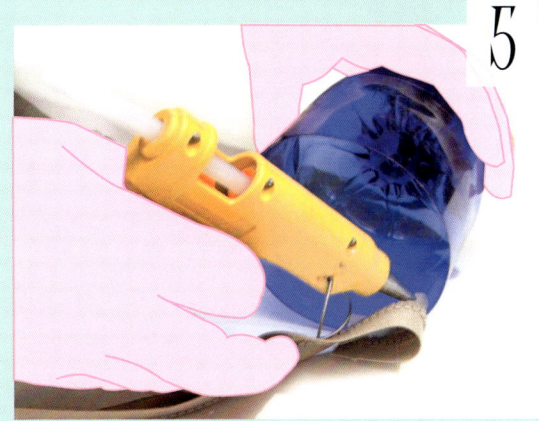

Repetimos la operación con otra botella (del mismo diámetro) para tener las dos partes con las que vamos a formar nuestro estuche. El tamaño de las piezas dependerá de los objetos que queramos después guardar en el estuche.

Aplicamos silicona caliente sobre la cremallera y vamos pegándola poco a poco por el interior de uno de los trozos de botella. Hay que dejar espacio suficiente entre el centro de la cremallera y el borde del plástico para que la cabeza de la cremallera se deslice con facilidad.

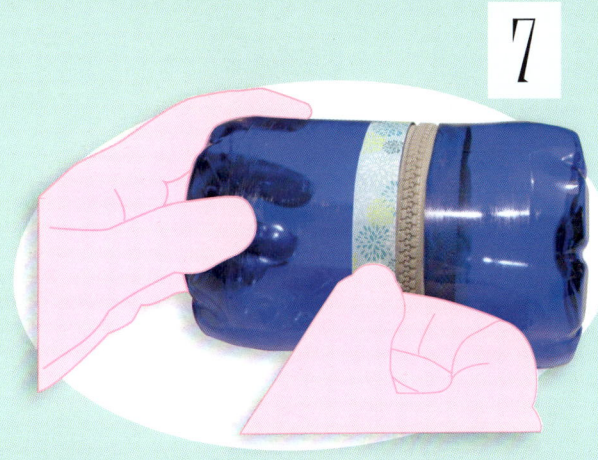

Una vez pegada la cremallera alrededor de uno de los trozos, pegamos el otro de la misma manera.

Rematamos los bordes con cinta adhesiva decorada (*washi tape*).

estuches con cremallera

SERVILLETEROS

[**DIFICULTAD** Fácil]

[**MATERIALES y HERRAMIENTAS**]

- Tubos de cartón
- Cinta métrica
- Lápiz
- Cúter
- Cordel de yute
- Silicona líquida
- Cola blanca
- Pinceleta
- Cinta de algodón (o encaje, tira bordada, zigzag...)
- Rotulador de punta fina

1 Con ayuda de una cinta métrica marcamos una línea de 4 cm de alto alrededor de los tubos.

2 Con el cúter cortamos los tubos a la altura que hemos marcado.

3 Aplicamos una gotita de silicona en el interior del tubo y pegamos un extremo del cordel de yute. Enrollamos el cordel hasta que quede totalmente cubierto. Cortamos el cordel que sobra y pegamos el extremo por dentro.

CON TUBOS DE CARTÓN

4 Aplicamos una mano de cola blanca ligeramente diluida con agua en toda la superficie del servilletero, tanto por la parte exterior como por dentro.

5 Aplicamos silicona para pegar en el centro el adorno que más nos guste, por ejemplo un trocito de encaje o una tira bordada con flores.

Unas cintas zigzag de colores también quedan muy bonitas.

> El 86 % de los españoles afirma que recicla en su hogar algún tipo de residuo. En España se generan cada año 23 millones de toneladas de residuos sólidos urbanos y un 33 % (en peso) de ellos son envases. La tasa de recuperación actual es del 63 %, y de reciclado, un 59 %.

Y si utilizamos una cinta de algodón blanca, podemos personalizar los servilleteros escribiendo sobre ella con un rotulador.

ENREJADO

[**DIFICULTAD** Intermedia]

[**MATERIALES y HERRAMIENTAS**]
- Tubos de cartón
- Pintura acrílica negra
- Pincel
- Tijeras
- Pegamento universal
- Clips

Para realizar la forma básica de este enrejado cortamos 12 trozos de tubo de 1 cm de ancho (*ver* técnica en pág. 22). Utilizaremos cuatro de estos trozos enteros y los otros ocho doblados por la mitad.

2

Pegamos las piezas tal y como se ve en la imagen, colocando dos piezas dobladas dentro de cada pieza entera.

3

Pegamos entre sí las cuatro hojas para formar una flor.

Realizamos 14 flores iguales y las pegamos entre sí para formar el enrejado. Colocamos unos clips en cada unión para asegurarnos de que no se despeguen ni se muevan mientras el pegamento hace efecto.

Una vez retirados los clips, repasamos con pintura acrílica negra para tapar el pegamento, repasar posibles errores en la pintura y cubrir bien los bordes del cartón.

enrejado 43

MARCO para ESPEJO

[DIFICULTAD Difícil **]**

[MATERIALES y HERRAMIENTAS]

- Tubos de cartón
- Papel de periódico
- Tijeras
- Punzón
- Pintura acrílica negra
- Pincel
- Cartón fino
- Pistola de silicona caliente
- Espejo redondo de 17 cm de diámetro

1

Utilizamos la técnica de hacer filigranas con tubos de cartón (ver técnica en pág. 22) para cortar los tubos. Para construir la pieza básica que forma la filigrana de este espejo vamos a utilizar tres trozos de tubo, uno con forma de hoja y otros dos doblados por la mitad.

2

Con silicona caliente pegamos las tres piezas entre sí, colocando las dos piezas dobladas dentro de la pieza con forma de hoja. Después iremos pegando varias piezas básicas entre sí (ver paso 3).

3

4

Utilizamos el espejo como plantilla y recortamos dos trozos de cartón.

5

Pegamos sobre uno de los cartones las seis piezas realizadas de forma que queden equidistantes.

Hacemos un tubo enrollando papel de periódico y lo pintamos de negro. Cuando está seco vamos pegando las piezas alrededor.
Una vez pegadas siete piezas, tal y como se ve en la foto, tenemos una hoja compuesta. Repetimos el proceso hasta completar seis hojas compuestas.

6

Pegamos encima el otro cartón redondo que hemos recortado.

7

añadimos dos piezas más para reforzar la esrucutra

Pegamos una hoja pequeña entre las hojas compuestas, para unirlas entre sí, y también añadimos una pequeña pieza uniendo las hojas compuestas y los círculos de cartón, tal y como se ve en la fotografía.

8

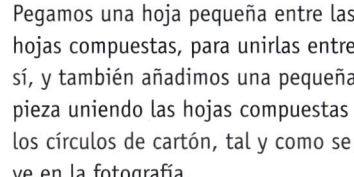

Con un punzón atravesamos los dos cartones redondos haciendo un par de agujeros por los que pasamos un alambre que nos servirá para colgar el espejo.
Repasamos con pintura acrílica negra todo el marco para corregir posibles imperfecciones y cubrir los restos de pegamento. Por último, pegamos el espejo.

marco para espejo

PIE de LÁMPARA

[DIFICULTAD Difícil]

[MATERIALES y HERRAMIENTAS]

· 1 tubo de cartón
· Papel de revista o periódico
· Papel estampado
· Tijeras
· Pincel
· Lima de cola de ratón
· Pegamento universal
· Cola blanca de carpintero
· Pistola de silicona caliente
· Instalación eléctrica: casquillo con sistema de encendido y apagado, tubo roscado y cable con enchufe
· 1 CD

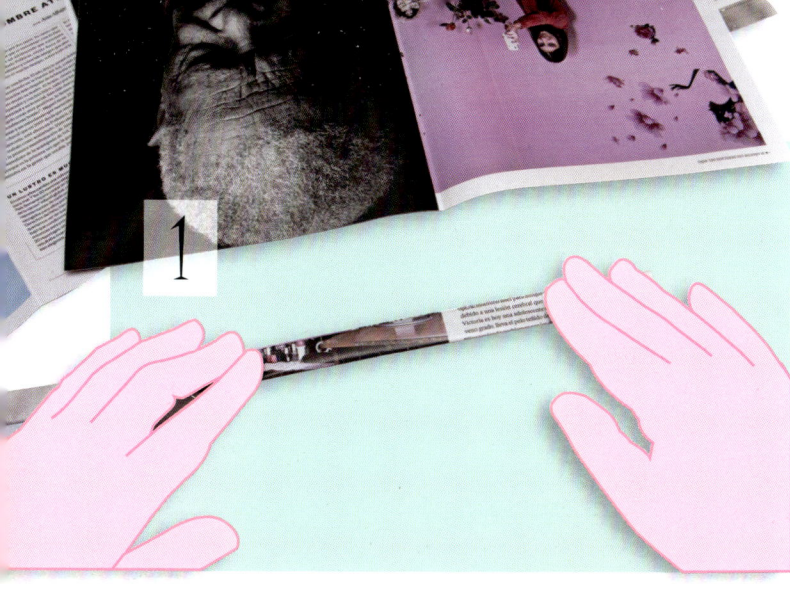

Doblamos una hoja de papel de periódico o de revista por la mitad varias veces consecutivas hasta que tengamos una tira de papel larga y estrecha. Seguimos el mismo procedimiento para formar varias tiras.

Utilizamos el pegamento universal para fijar una de la tiras en un extremo del tubo de cartón. Esperamos a que el pegamento haga efecto y vamos enrollando toda la tira alrededor de la base del tubo. Aplicamos un poco de pegamento de vez en cuando para que la tira vaya quedando sujeta.

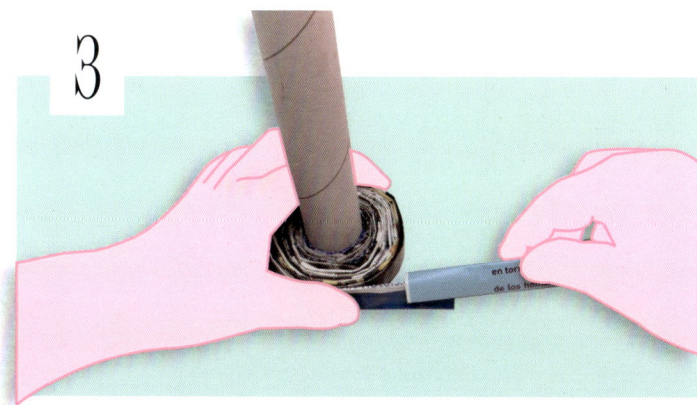

Cuando terminamos con una tira de papel, aplicamos un poco de pegamento universal, superponemos otra tira y seguimos enrollando. Añadimos tantas tiras de papel como sea necesario para que la base tenga el tamaño adecuado y así después la lámpara tenga estabilidad. Cuanto más alto sea el tubo, más ancha tendrá que ser la base.

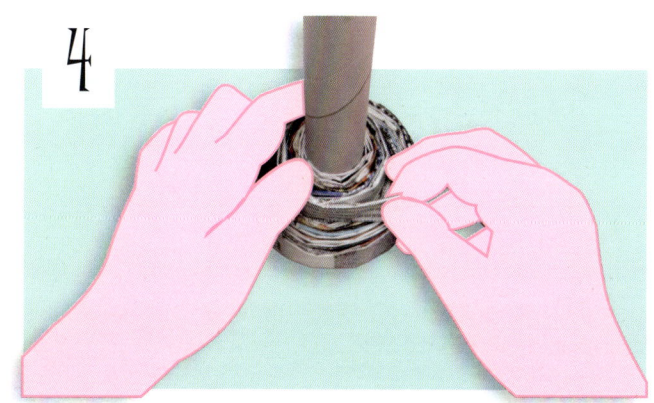

Siguiendo el mismo procedimiento, enrollamos más tiras alrededor del tubo de cartón y sobre la base que hemos creado en el paso anterior.

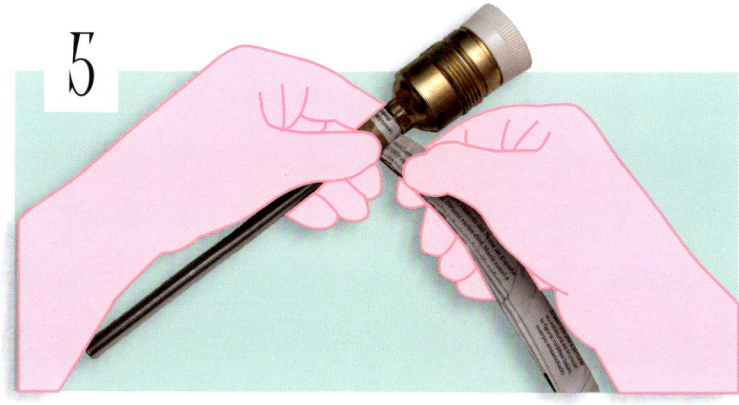

Colocamos el casquillo sobre el tubo roscado y utilizamos la pistola de silicona caliente para fijar una tira de papel sobre el tubo. Vamos enrollando la tira alrededor del tubo hasta formar un círculo que habrá de tener el mismo ancho que el tubo de cartón. Este círculo debe tener mucha consistencia, por lo que aplicamos pegamento a lo largo de toda la tira de papel y apretamos lo más posible.

pie de lámpara

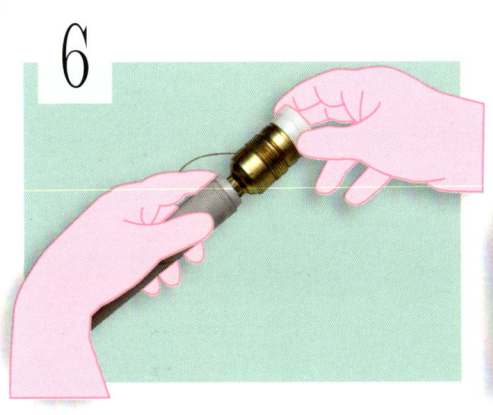
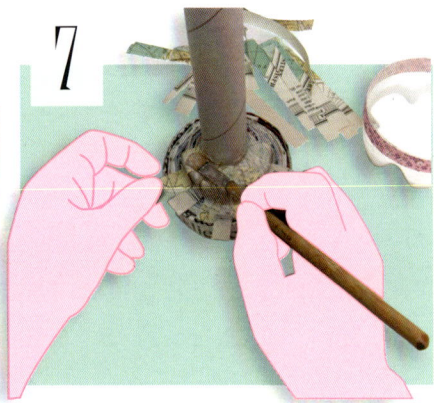
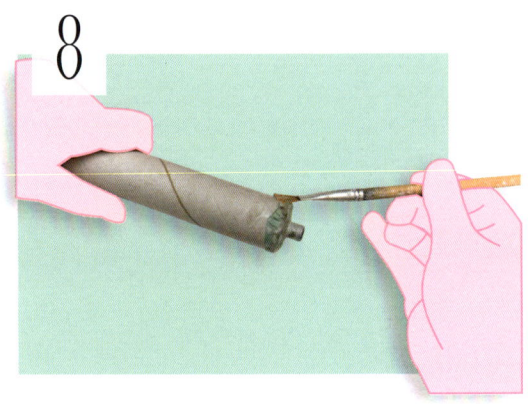

Aplicamos pegamento universal en el interior del tubo de cartón y colocamos el casquillo, introduciendo el rollo de papel que hemos formado en el paso anterior como si fuera un tapón. Desenroscamos el casquillo y aplicamos cola de carpintero sobre el círculo de papel que acabamos de colocar. Dejamos secar bien para que adquiera consistencia.

Cortamos el papel estampado en tiras y, utilizando la cola blanca de carpintero, las pegamos sobre la base hasta cubrirla totalmente.

Cortamos un pequeño círculo, hacemos un agujero en el centro para el tubo roscado y lo pegamos en la parte superior del pie de lámpara.

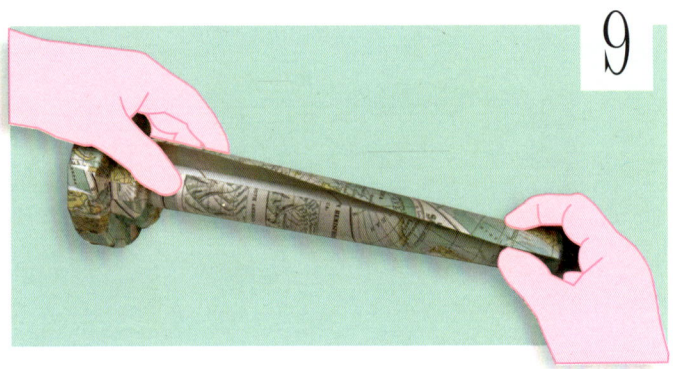
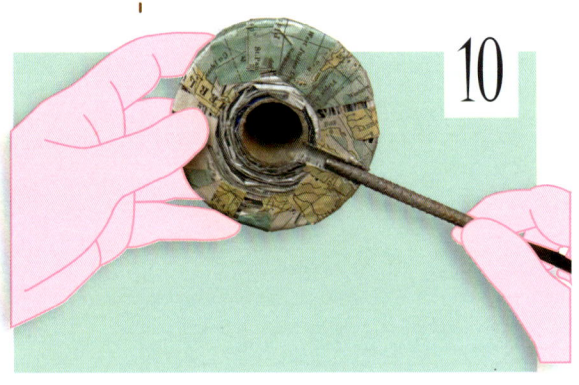

Forramos el tubo con un recorte de papel estampado del tamaño adecuado.

Realizamos una hendidura en la base del pie de lámpara utilizando una lima de cola de ratón.

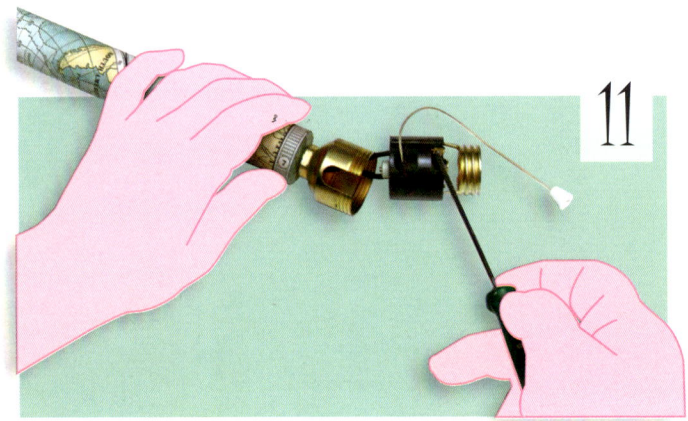

Introducimos el cable a través del tubo roscado y realizamos la conexión eléctrica en el casquillo. Colocamos una bombilla, enchufamos y comprobamos que la instalación funciona.

Damos la vuelta al pie de lámpara, tiramos suavemente del cable, con cuidado de no desconectarlo del casquillo pero asegurándonos de que quede bien estirado en el interior del tubo de cartón. Colocamos el cable en la hendidura que hemos realizado en la base y, aplicando silicona sobre la base del CD, pegamos el pie de lámpara.

CON TUBOS DE CARTÓN

[**DIFICULTAD** Fácil]

[**MATERIALES y HERRAMIENTAS**]

· Troqueladora redonda de 5 cm
· Troqueladora de estrella pequeña
· Cartón de tetrabrik
· Cordel
· Pistola de silicona caliente

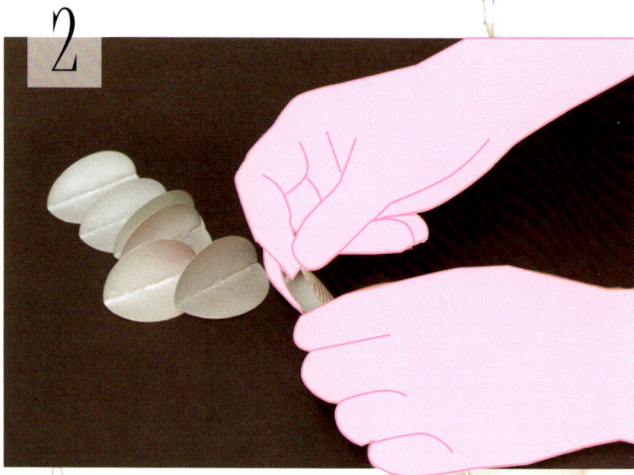

1 Cortamos, lavamos y secamos los envases tetrabrik y, con ayuda de las troqueladoras, cortamos círculos y estrellitas.

2 Doblamos los círculos por la mitad, dejando la parte plateada hacia dentro.

3 Pegamos seis círculos entre sí con la pistola de silicona caliente para formar bolas. Dejamos sin pegar las dos últimas caras de los círculos, para que la bola queda abierta y podamos introducir entre medias el cordel.

4 Formamos la guirnalda pegando sobre el cordón las bolas y la estrellas alternativamente. Las estrellas se pegan una sobre otra dejando el cordón en medio. Para insertar las bolas en la guirnalda, abrimos las bolas, aplicamos silicona caliente en el centro de la misma, pegamos el cordón y por último pegamos los dos lados de la bola para dejarla cerrada.

FLORERO

[DIFICULTAD Fácil]

[MATERIALES y HERRAMIENTAS]

- Un brik de base cuadrada
- Cordel blanco
- Pistola de silicona caliente
- Hilo y alfileres
- Pinceleta
- Cola blanca de carpintero

Cortamos la parte superior de un envase tetrabrik de base cuadrada.

Con la pistola de silicona caliente vamos pegando el cordel alrededor del brik de forma que quede todo cubierto.

Cortamos tres trozos de cordel, los unimos por un extremo rodeándolos con un hilo y después los trenzamos.

Con ayuda de cuatro alfileres calculamos el tamaño de la trenza que necesitamos para rematar el borde superior del florero. Enrollamos el otro extremo con un poco de hilo para que no se deshaga la trenza y cortamos por donde sea necesario. Pegamos la trenza con silicona caliente.

Para que el cordel se pueda limpiar y no se deteriore, aplicamos una mano de cola blanca de carpintero por todo el jarrón.

CAJAS ALMOHADA

[**DIFICULTAD** Fácil]

[**MATERIALES y HERRAMIENTAS**]

· Envases de tetrabrik
· Tijeras
· Rotulador
· Pistola de silicona caliente
· Un CD o un DVD
· Elementos decorativos (pegatinas, papel de regalo, *washi tape*, cordel...)

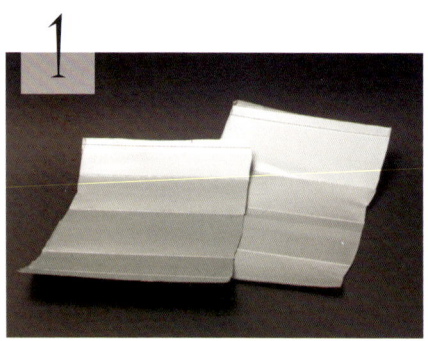

Abrimos dos envases de tetrabrik cortando la parte superior e inferior de los mismos.

Recortamos los dos rectángulos más grandes de los envases. Por uno de los lados cortamos justo por la marca del borde y por el otro lado cortamos a un centímetro, para dejar una pestaña que utilizaremos luego para aplicar el pegamento.

Colocamos un CD en el centro de las piezas (sin tener en cuenta el centímetro que mide la pestaña) y marcamos el arco entre las dos esquinas.

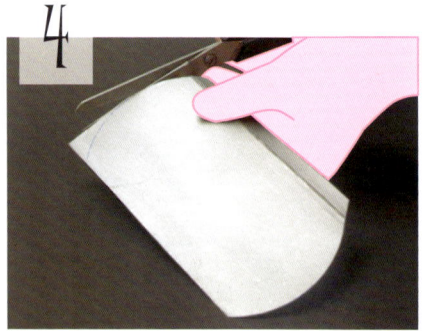

Marcamos la forma redondeada en los dos rectángulos, tanto en la parte de arriba como en la de abajo, y recortamos.

Volvemos a colocar el CD sobre los rectángulos para dibujar un arco, pero invertido con respecto al anterior. Este arco lo repasamos con la punta de las tijeras, pero sin llegar a cortar.

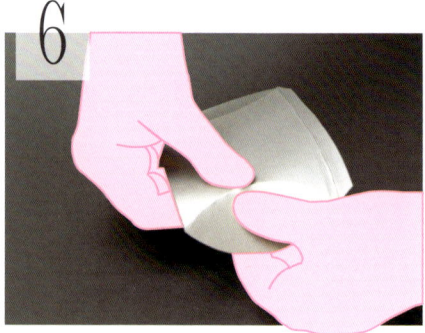

Doblamos por la marca que acabamos de hacer con la punta de las tijeras.

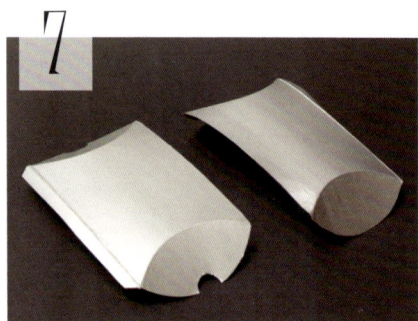

En una de las piezas que hemos cortado y plegado tenemos que recortar, en las solapas, dos pequeñas muescas, que servirán para que se pueda abrir la caja con facilidad una vez terminada.

Aplicamos silicona caliente en las pestañas y pegamos las piezas entre sí.

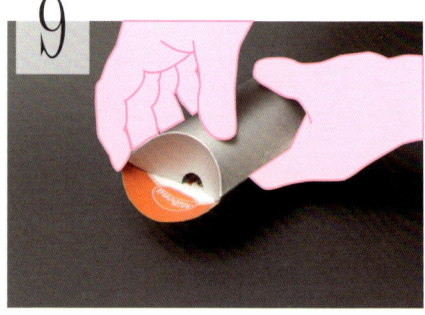

Cuando cerremos la caja, las solapas en las que hemos recortado las muescas tienen que quedar en el interior.

Una vez terminadas, podemos decorarlas con *washi tape*,

... papel de regalo,

... pegatinas, etc.

cajas almohada

COSTURERO

[**DIFICULTAD** Fácil]

[**MATERIALES y HERRAMIENTAS**]

- Huevera de cartón
- Retal de tela
- Estropajo «salvaúñas» (o un trozo de gomaespuma)
- Lápiz
- Tijeras
- Cúter
- Cola blanca
- Pinceleta
- Alfileres, aguja e hilo
- Pistola de silicona

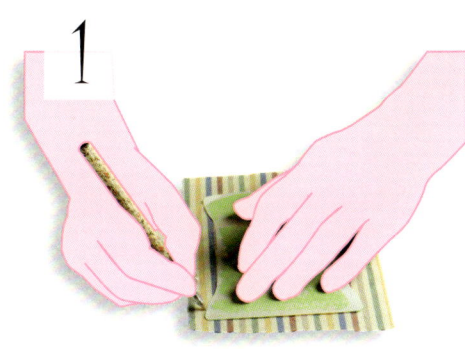

Retiramos con cuidado el papel que cubre la huevera y lo utilizamos como plantilla para recortar la misma forma en un trozo de tela.

Aplicamos cola blanca sobre la parte superior de la huevera y pegamos la tela que hemos recortado. También extendemos cola sobre la tela, para evitar que se deshilache.

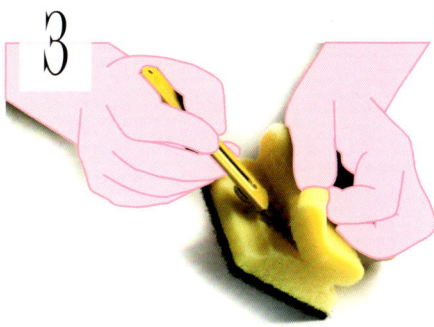

Cortamos un trozo de gomaespuma del tamaño del interior de la huevera. La mitad de un estropajo «salvaúñas» puede servir.

Con otro trozo de tela envolvemos la gomaespuma y le damos unas puntadas por la parte de atrás para que se quede sujeta. A continuación la pegamos en el interior de la tapa de la huevera con la pistola de silicona.

Tenemos que rebajar los picos del interior del envase de cartón para que se pueda cerrar bien. Para ello, damos cuatro cortes a cada pico y doblamos el cartón hacia el interior. ¡Ya tenemos listo nuestro costurero!

FLORES

[DIFICULTAD Fácil]

[MATERIALES y HERRAMIENTAS]

- Hueveras de cartón
- Tijeras
- Pincel
- Témperas
- Palitos de madera para brochetas
- Pistola de silicona

1. Cortamos la huevera de forma que nos quedemos con los dos cucuruchos que el envase forma en el centro.

2. Recortamos los cucuruchos siguiendo la forma que marca el propio cartón, redondeando cada lado para darles forma de pétalos.

3. Pintamos con témpera los dos cucuruchos que hemos recortado.

4. Cortamos una tira de cartón de la parte superior del envase, le hacemos unos pequeños cortes en forma de flecos y la enrollamos. Podemos pintarla o dejarla de color natural, como más nos guste. Esta pieza será el centro de la flor.

5. Utilizando la pistola de silicona pegamos el centro de la flor en el extremo de uno de los palitos de madera. A continuación introducimos los cucuruchos y los pegamos de forma que los pétalos queden contrapeados.

CON HUEVERAS DE CARTÓN

GUIRNALDA de LUCES

[DIFICULTAD Intermedia]

[MATERIALES y HERRAMIENTAS]

- Cartón grande de huevos
- Tijeras
- Pintura acrílica
- Pincel
- Pistola de silicona caliente
- Guirnalda de luces

1. Cortamos el cartón de la huevera separando cada uno de los huecos.

2. Recortamos siguiendo la forma que tiene el cartón y redondeamos los bordes para formar una especie de flor con cuatro pétalos.

3. Deberemos tener dos piezas de cartón por cada luz que tenga la guirnalda que vamos a confeccionar.
A una de las piezas le retiramos el fondo y en la otra hacemos un corte en forma de cruz. Pintamos en colores contrastados y dejamos secar.

4

Con la pistola de silicona caliente vamos pegando las piezas de dos en dos, colocando en el interior la que no tiene fondo.

5

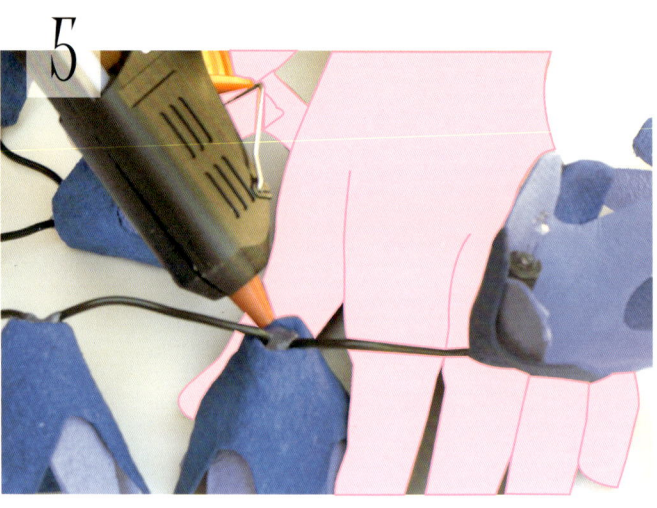

Introducimos las bombillas a través del corte en forma de cruz que tienen las flores en el fondo y las vamos fijando aplicando unas gotas de pegamento con la pistola de silicona.

POSAVASOS

[**DIFICULTAD** Fácil]

[**MATERIALES y HERRAMIENTAS**]

· CD o DVD
· Papel estampado grueso
· Fieltro
· Pegamento en espray
· Tijeras
· Paletina
· Cola blanca de carpintero

Utilizando el CD como plantilla, dibujamos en el fieltro un circulito del tamaño del centro del CD y lo recortamos.

Aplicamos pegamento en espray en el papel estampado y colocamos encima el CD y el círculo de fieltro que hemos recortado, que previamente habremos colocado en el agujero central del CD. Presionamos durante unos segundos hasta que el pegamento haga efecto.

Siguiendo la forma del CD, recortamos el papel sobrante. Para impermeabilizar el papel le aplicamos encima una mano de cola blanca de carpintero.

3

Aplicamos pegamento en espray sobre la otra cara del CD y la colocamos sobre el fieltro. Esperamos que haga efecto y, siguiendo la forma del CD, recortamos el fieltro sobrante.

¿LO SABÍAS?

Cada día se utilizan en el mundo millones de CD y DVD. Una vez que acaba su vida útil, lo más habitual es que acaben en cualquier papelera junto a otro tipo de residuos. Estos elementos están fabricados con un 98 % de policarbonato, un material reciclable muy utilizado.

Su proceso de reciclado consiste en separar los metales de las placas de plástico, limpiarlos, triturarlos y convertirlos finalmente en un plástico de alta calidad, denominado granza. Este producto es utilizado para fabricar gafas, carcasas de material ofimático, teléfonos, mandos a distancia y diversas piezas plásticas para los automóviles.

DECORACIÓN de un PORTARRETRATOS

[**DIFICULTAD** Difícil]

[**MATERIALES y HERRAMIENTAS**]

· Un portarretratos
· Teselas con plástico (*ver* pág. 26)
· Silicona fría

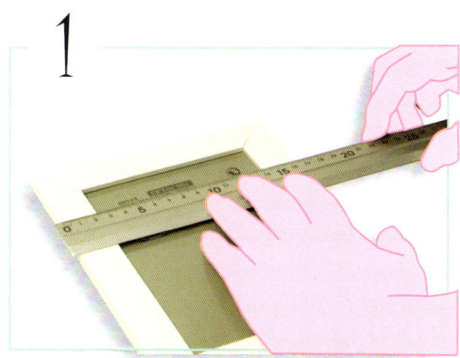

1

Medimos el ancho del marco del portarretratos que vamos a decorar, para fabricar las teselas de plástico con esta medida.

2

Cortamos, pintamos y horneamos las teselas de plástico. Las instrucciones detalladas de este proceso las encontramos en el apartado Teselas con plástico del capítulo Técnicas (*ver* pág. 26).

3

Aplicamos silicona fría sobre el marco y vamos pegando las teselas hasta decorarlo por completo.

decoración de un portarretratos

CUADRO

[DIFICULTAD Intermedia]

[MATERIALES y HERRAMIENTAS]

· Tapa de una caja de zapatos
· Papel de periódico
· Cartulina de color granate
· Papel carbón
· Pinceleta
· Tijeras
· Cola blanca
· Plantillas (*ver* pág. 90-91)

1

Recortamos con la mano pequeños trozos de papel de periódico, eligiendo las partes que solo tienen texto, sin fotografías.

2

Aplicamos cola blanca sobre la superficie de la tapa de cartón y vamos colocando los trozos de papel de periódico hasta cubrirla totalmente. Cubrimos toda la superficie ya forrada con una capa de cola blanca y dejamos secar.

3

Trasladamos los dibujos de las plantillas a una cartulina utilizando papel carbón y los recortamos. Untamos la tapa con cola blanca en la parte donde vayamos a colocar las figuras y las pegamos con cuidado.

¡OJO!
No debemos aplicar cola blanca sobre la cartulina, porque puede desteñir y ensuciar nuestro trabajo.

LETRA DECORATIVA

[**DIFICULTAD** Intermedia]

[**MATERIALES y HERRAMIENTAS**]

- Cartón grueso rígido (que no se doble fácilmente)
- Cartón fino (de cajas de galletas o cereales)
- Papel
- Papel de periódico o revista
- Regla
- Cúter
- Pinceleta
- Silicona líquida
- Cola blanca
- Plantilla de la letra (ver pág. 92)

66 CON CARTÓN DE CAJAS

1

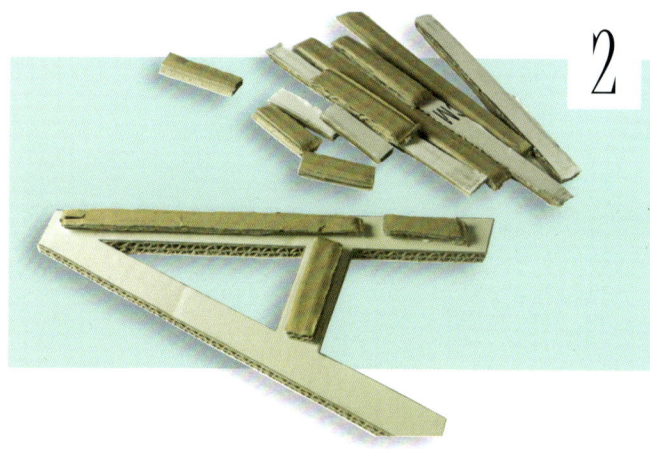

2

Calcamos la plantilla en un papel blanco. La colocamos sobre el cartón grueso y, con ayuda de la regla y el cúter, recortamos la forma de la letra dos veces.

Cortamos algunas tiras de cartón y las vamos pegando con la silicona líquida sobre una de las letras, en varias capas, hasta alcanzar una altura aproximada de 3 cm.

3

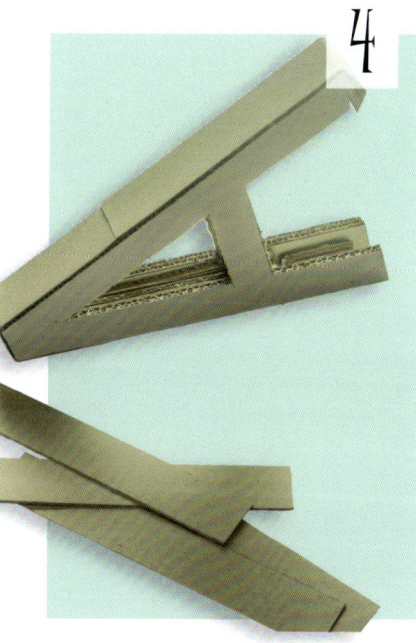

4

5

Finalmente pegamos la otra letra. Ponemos la letra de pie para asegurarnos de que queda derecha y comprobamos, con ayuda de la regla, que las dos caras están bien alineadas.

Tomamos la medida del ancho de la letra y recortamos tiras con este ancho en un cartón fino. Pegamos estas tiras alrededor de toda la letra con silicona líquida.

Recortamos con la mano trozos de papel de periódico o revista y los vamos pegando con cola blanca. Aplicamos la cola también por encima del papel para impermeabilizarlo y darle más consistencia.

¡OJO!

Trabaja sobre otras planchas de cartón con el fin de no deteriorar la superficie de la mesa sobre la que estás cortando.

letras decorativas

ESTRELLAS

[**DIFICULTAD** Difícil]

[**MATERIALES y HERRAMIENTAS**]

- Cartón
- Regla
- Lápiz
- Cúter
- Cinta adhesiva (celo)
- Papel de periódico
- Taladradora para papel
- Pinceleta y pinceles
- Cola blanca de carpintero
- Aguaplast
- Lija de grano fino
- Pintura acrílica negra y turquesa
- Betún de Judea
- Plantilla (*ver* pág. 93)

1

Trasladamos la plantilla a un trozo de cartón. La copiamos dos veces en posiciones enfrentadas para obtener el dibujo de la estrella completa.
La plantilla contiene tres tamaños diferentes; una vez dibujada la estrella más grande, recortamos por la siguiente línea y dibujamos la estrella mediana. De igual manera dibujamos la estrella pequeña.

2
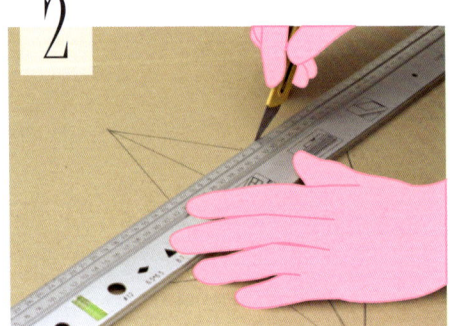

Con un cúter y con ayuda de una regla para que los cortes queden bien rectos, recortamos la estrella. Marcamos los nervios con el cúter, sin llegar a cortar del todo, solo para que el cartón se pueda doblar con facilidad. Marcamos desde el centro hasta las puntas. Damos la vuelta al cartón y por el otro lado marcamos desde el centro hasta los ángulos de la estrella.

3

Apretamos los brazos de la estrella para que adquiera volumen por las aristas marcadas, tal y como se aprecia en la imagen.

Para que no pierda la forma colocamos un trozo de celo en cada brazo. Medimos por la base con una regla para que todos los lados nos queden iguales.

Una vez sujetos todos los brazos, colocamos la estrella sobre otro cartón y dibujamos el contorno. Esta será la pieza trasera de la estrella y, para que coincida cuando la vayamos a pegar con la parte delantera, hacemos una marca con el lápiz en las dos partes, para colocarla correctamente.

Recortamos. Taladramos en el extremo uno de los brazos. Este agujero nos servirá para colgar la estrella una vez que esté terminada.

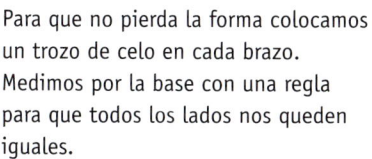

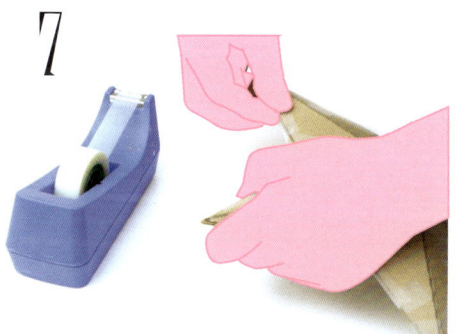

Unimos las dos partes de la estrella y las sujetamos con algunos trozos de papel celo, para que no se muevan.

Utilizamos cola de carpintero diluida con agua al 50% para pegar papel de periódico y cubrir toda la estrella, de forma que queden unidas definitivamente las dos partes. Una vez seco el papel aplicamos con la pinceleta una capa de enlucido (*ver* el apartado Cartapesta en el capítulo Técnicas, pág 25).

Una vez seca la capa de enlucido (aguaplast), lijamos con una lija de grano fino hasta eliminar todas las imperfecciones y dejar las caras de la estrella lisas y uniformes.

estrellas

10

Aplicamos una capa de pintura acrílica negra. Una vez que ha secado, aplicamos la pintura de color turquesa y dejamos secar nuevamente.

11

Con un trocito de lija de grano muy fino lijamos la estrella para darle un aspecto desgastado, insistimos en los laterales y los relieves, de manera que aparezca la pintura negra que hemos aplicado debajo o el enlucido. Desgastamos hasta que tenga un aspecto que nos guste.

12

Para terminar el proceso de envejecimiento, aplicamos betún de Judea, dando pequeños toques con el pincel y con un trapo. Antes de aplicar el betún en la parte superior de la estrella, probamos por la parte de atrás, hasta asegurarnos de que aplicamos el betún de tal modo que nos gusta como queda.

LÁMPARA

Con ayuda de una regla, trasladamos el pentágono dibujado en la plantilla sobre un trozo de cartón.

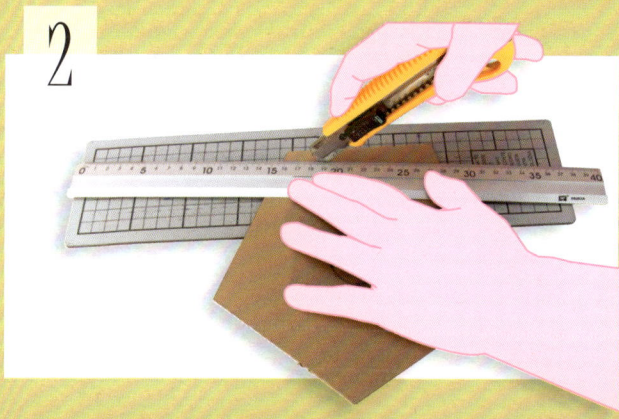

Utilizamos el cúter para recortar la forma que hemos dibujado.

[**DIFICULTAD** Difícil]

[**MATERIALES y HERRAMIENTAS**]

- Cartón
- Regla y cartabón
- Cúter
- Alfileres
- Lápiz
- Pistola de silicona caliente
- Cinta adhesiva decorada (*washi tape*)
- Instalación eléctrica para lámpara
- Plantilla (*ver* pág. 94)

Cortamos cinco tiras de cartón de 60 cm de largo por 5 cm de ancho

Medimos las tiras que hemos cortado y hacemos una marca con el lápiz cada 12 cm, que es el ancho de cada uno de los lados del pentágono que hemos recortado en el paso 1.

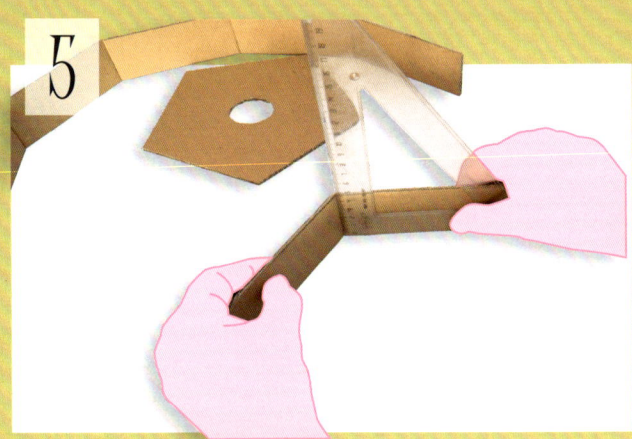

Apoyamos las tiras de cartón sobre una superficie plana y con ayuda del cartabón doblamos por las marcas.

Con ayuda de la regla, aplastamos los extremos de las tiras de cartón para que el borde quede biselado.

Utilizamos la pistola de silicona caliente para pegar entre sí los extremos de las tiras de cartón, formando figuras en forma de pentágono.

Aplicamos una gota de silicona caliente en cada uno de los vértices del pentágono de la plantilla y unimos este a una de las figuras que hemos formado con las tiras de cartón.

Colocamos la regla sobre cada uno de los lados de la figura que acabamos de montar y clavamos alfileres a 3 y a 9 cm.

CON CARTÓN DE CAJAS

10

Utilizamos estos alfileres como guía para colocar la siguiente pieza encima y que no se descuadre. Levantamos ligeramente esta segunda pieza, aplicamos una gota de silicona caliente en cada uno de los puntos en los que se juntan las dos piezas de cartón y volvemos a bajar la pieza para que se quede pegada a la anterior.

11

Una vez que se ha enfriado la silicona, retiramos los alfileres, volvemos a colocarlos sobre la pieza superior y repetimos la operación hasta que hemos ensamblado las cinco piezas.

12

Adornamos con cinta adhesiva decorada (*washi tape*).
Solo queda unir nuestra pantalla a la instalación eléctrica de la lámpara.

ESTANTERÍA

[DIFICULTAD Intermedia]

[MATERIALES y HERRAMIENTAS]

- 3 cajas de zapatos de cartón
- Regla
- Cúter y/o tijeras
- Cinta adhesiva (celo)
- Papel de periódico
- Papel de regalo
- Pinceleta
- Cola blanca de carpintero

1. Colocamos las tres cajas de zapatos que vamos a utilizar y comparamos su altura.

2. Recortamos a la altura de la más baja, de modo que todas las cajas queden igualadas.

3. Colocamos las cajas con la distribución que más nos guste en función del espacio donde las vayamos a colocar y las sujetamos entre sí con celo.

Pegamos celo también por la parte de atrás de manera que queden bien sujetas y no se muevan.

Aprovechamos la tapas de las cajas de zapatos para reforzar las paredes que puedan quedar demasiado endebles, recortándolas a la medida necesaria.

Pegamos los trozos de cartón que hemos recortado sobre la cara de la caja que queramos reforzar.

Vamos aplicando cola blanca de carpintero por toda la superficie de las cajas y pegando los trozos de papel de periódico, tanto por el exterior como por el interior y los bordes, hasta que el grupo de cajas queda bien cubierto por todas partes.

Tomamos las medidas del interior de cada una de las cajas, recortamos un cartón de cada tamaño y lo forramos con papel de regalo del color que nos guste.

Por último pegamos los cartones forrados con el papel de regalo en los respectivos fondos.

estantería

PORTAHERRAMIENTAS

[DIFICULTAD Difícil **]**

[MATERIALES y HERRAMIENTAS]

- 6 latas
- Lima
- Esmalte acrílico o sintético
- Pinceleta
- Cola blanca
- Cartón
- Papel
- Regla
- Lápiz
- Cúter
- Aguaplast
- Pistola de silicona caliente
- Cordón

1
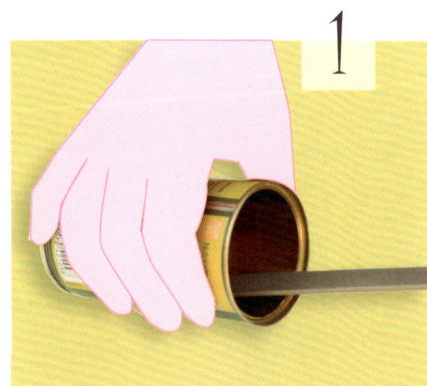

Si las latas tienen en borde interior cortante utilizamos la lima para desbastarlas.

2

Agrupamos las seis latas que vamos a utilizar y tomamos la medida del largo y el alto de las mismas.

3
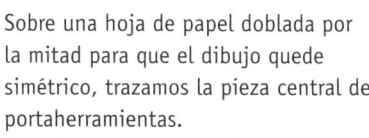

Sobre una hoja de papel doblada por la mitad para que el dibujo quede simétrico, trazamos la pieza central del portaherramientas.
Esa pieza tiene que medir de ancho lo mismo que las latas y sobresalir lo suficiente para que resulte cómodo cogerlo por el asa una vez que hayamos colocado las herramientas dentro.

Recortamos la plantilla que hemos dibujado y, con una regla metálica y un cúter, la trasladamos a un trozo de cartón.

Si el cartón del que disponemos no es muy resistente, pegamos entre sí dos o más capas hasta conseguir un grosor adecuado.

Rematamos los bordes con papel de periódico que pegamos con cola blanca. Una vez seco el papel, enlucimos con aguaplast, lijamos y pintamos (*ver* apartado Cartapesta en el capítulo Técnicas, pág. 25).

Pintamos las latas con esmalte, tanto el interior como el exterior. Dependiendo del color de las latas y del esmalte elegido, puede ser necesario aplicar más de una mano o utilizar imprimación.

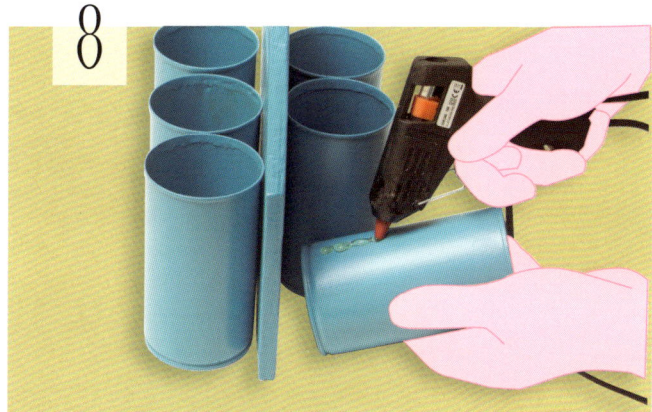

Aplicamos un cordón de silicona caliente sobre las latas y las pegamos a la pieza central.

Por la parte inferior de las latas sujetamos el cordón.

portaherramientas

 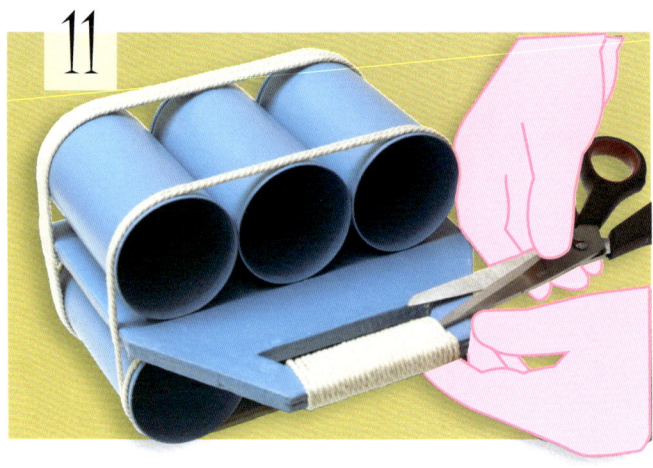

Vamos envolviendo las latas con el cordón, aplicando pequeños puntos de silicona caliente para que quede sujeto. Después de seis vueltas, cortamos el cordón y lo pegamos en un lateral de forma que no se vea.

Envolvemos la parte superior de las latas con un par de vueltas de cordón y forramos también el asa, escondiendo el principio y el final del cordón. Aplicamos una mano de cola blanca sobre los cordones para que queden unidos entre sí y protegidos de la suciedad.

Ya tenemos listo nuestro portaherramientas, que podemos utilizar para organizar nuestras pequeñas herramientas de bricolaje o como portalápices.

CANDELERO

[**DIFICULTAD** Intermedia]

[**MATERIALES y HERRAMIENTAS**]

· Lata o bote metálico
· Pintura acrílica
· Pincel
· Disolvente
· Papel cuadriculado
· Lápiz
· Martillo
· 1 clavo
· Punzón
· Vela
· Plantilla (*ver* pág. 95)

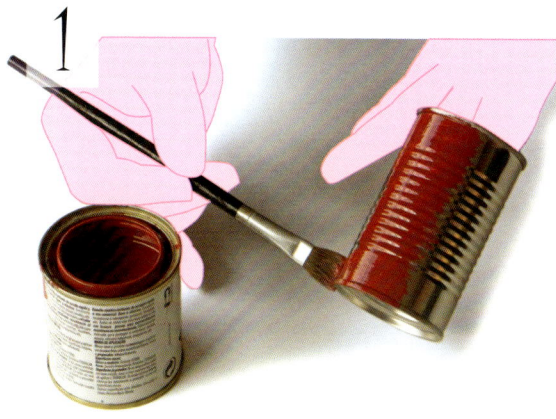

Limpiamos el bote y lo pintamos con pintura acrílica. Dejamos secar según las instrucciones del fabricante de la pintura.

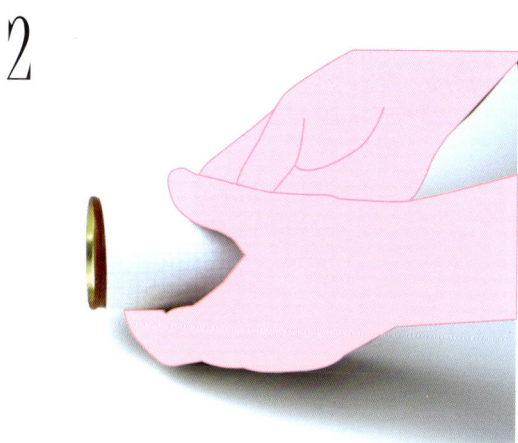

Cortamos un trozo de papel cuadriculado del tamaño necesario para envolver el bote. Llenamos el bote de agua y lo metemos en el congelador.

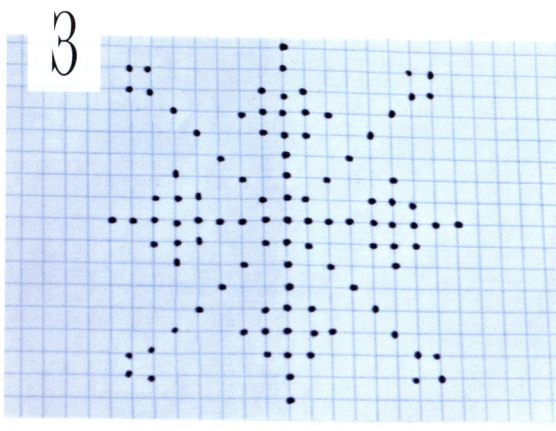

Sobre el papel cuadriculado dibujamos el diseño de puntos que queremos trasladar al bote (*ver* pág. 95).

4

Cuando el agua que hemos puesto en el bote se ha congelado, sacamos este del congelador y colocamos encima el dibujo que hemos preparado. Situamos el bote sobre un trapo, para que no se nos mueva y, golpeando el clavo con el martillo, vamos marcando cada uno de los puntos del dibujo.

5

Una vez que hemos trasladado el dibujo al bote, dejamos que se derrita el hielo del interior y, con ayuda de un punzón, abrimos los agujeros que hemos hecho con el clavo.

6

Repasamos con un pincel los desperfectos en la pintura que pueda haber alrededor de los agujeros. Ya solo nos queda colocar una vela de nuestro gusto dentro del candelero.

ORGANIZADOR de ESCRITORIO

[DIFICULTAD Intermedia **]**

[MATERIALES y HERRAMIENTAS]

- 3 latas
- Lima para metal
- Pintura acrílica
- Papel decorado
- Regla
- Lápiz
- Tijeras
- Cúter
- Silicona líquida
- Pistola de silicona caliente

1

Elegimos tres latas de diferentes tamaños, limamos los bordes internos para que no corten y las pintamos con pintura acrílica por el interior y por los remates más gruesos del exterior.

2

Una vez transcurrido el tiempo de secado establecido por el fabricante de la pintura, medimos la altura de cada lata y cortamos una tira de papel de ese tamaño.

3

Untamos el bote con la silicona líquida, procurando que quede bien extendida, y pegamos el papel.

4

Con el fin de que los laterales de los tres recipientes se junten y podamos pegarlos bien, limamos los rebordes de las latas en los puntos de unión que veamos necesario.

5

Utilizamos la pistola de silicona caliente para unir las tres piezas entre sí.

CUENCO

[DIFICULTAD Intermedia]

[MATERIALES y HERRAMIENTAS]

- Papel
- Cuenco
- Film (plástico de cocina)
- Rodillo
- Pinceleta y pincel
- Aguaplast
- Cola blanca
- Lijas de grano fino y grado medio
- Esponja
- Pintura dorada

Previamente debemos preparar papel maché sirviéndonos de la técnica explicada en el apartado Papel maché (*ver* pág. 24). Reservamos un trozo de papel maché y con el resto hacemos una bola. Colocamos la bola entre dos trozos de film y con un rodillo la aplanamos dándole una forma lo más redonda posible. Retiramos el plástico de la parte superior.

2

Forramos con film el cuenco que nos va a servir de molde y colocamos encima la torta de papel maché. Retiramos la otra capa de plástico que queda encima del papel maché y ajustamos la masa a la forma del molde.

3

Cogemos el trozo de papel maché reservado. Lo rodamos encima de la mesa para darle forma alargada y cilíndrica.

4

Lo colocamos sobre el cuenco, formando un círculo.

¿LO SABÍAS?

España es el décimo país del mundo que más papel recuperado recicla, con 5'7 millones de toneladas anuales. Además, reciclamos el 84 % del papel consumido, lo que nos sitúa por encima de la media de la Unión Europea, que está en el 56'3 %.

5

Modelamos con los dedos para dar forma al círculo que hemos colocado y que se quede pegado al cuenco de papel maché.

CON PAPEL DE PERIÓDICO

6

Dejamos secar. Dependiendo de la temperatura y de la humedad del ambiente puede tardar varios días. Una vez que está completamente seco lo separamos del molde y aplicamos en el interior un enlucido (3 partes de aguaplast por 1 parte de agua).

7

Cuando se ha secado el enlucido lo lijamos con una lija de grano medio primero y de grano fino después, hasta dejar la superficie lo más lisa posible.

8

Retiramos el polvo del interior con una esponja ligeramente húmeda y aplicamos la pintura dorada.

cuenco

BANDEJA

[**DIFICULTAD** Difícil]

[**MATERIALES y HERRAMIENTAS**]

- 1 bandeja para utilizar como molde
- Crema hidratante
- Papel de periódico
- Cola de empapelar
- Tijeras
- Aguaplast
- Lija de grano fino
- Lima para uñas
- Esponja
- Esmalte acrílico blanco
- Pinceleta
- Barniz para *découpage*
- 1 servilleta estampada

Untamos con crema la bandeja que vamos a utilizar como molde.

PROYECTOS
CON PAPEL DE PERIÓDICO

Preparamos un cuarto de litro de cola de empapelar y vamos colocando sobre la bandeja pequeños trozos de papel de periódico troceado a mano empapados en la cola. Cubrimos toda la bandeja y repetimos el proceso cambiando el sentido de los trozos de papel. Aplicamos unas quince capas de papel y dejamos secar.

Cuando el papel de la bandeja se ha secado recortamos los bordes con unas tijeras.

Separamos la bandeja de papel de la bandeja que nos ha servido de molde y rematamos los bordes pegando trozos de papel en todo el contorno.

Enlucimos aplicando una pasta preparada con tres partes de aguaplast y una de agua.

Lijamos con una lija de grano fino hasta que la superficie quede bien lisa.

Retiramos el polvo pasando por la bandeja una esponja ligeramente húmeda y pintamos con esmalte acrílico de color blanco.

8

9

Una vez que la pintura está seca, separamos las capas de papel de la servilleta y colocamos la capa estampada sobre la bandeja, dejándola bien centrada y extendida. Aplicamos sobre la servilleta barniz para *découpage* procurando estirar bien las arrugas pero sin pasar dos veces por el mismo sitio, porque el papel de la servilleta podría romperse.
Los trozos pequeños de servilleta son más fáciles de colocar, así que, si el dibujo de la servilleta lo permite, recortamos los motivos y los colocamos independientemente.

Una vez que la capa de barniz se ha secado, con una lima de uñas o un trozo de lija de grano fino repasamos todo el borde de la bandeja, hasta eliminar el papel sobrante. Una vez retirado todo el papel, aplicamos una nueva capa de barniz sobre toda la superficie de la bandeja.

PLANTILLAS

[**PLANTILLA** Botes para lápices, página 36]

[**PLANTILLA** Cuadro, página 64]

[**PLANTILLA** Cuadro, página 64]

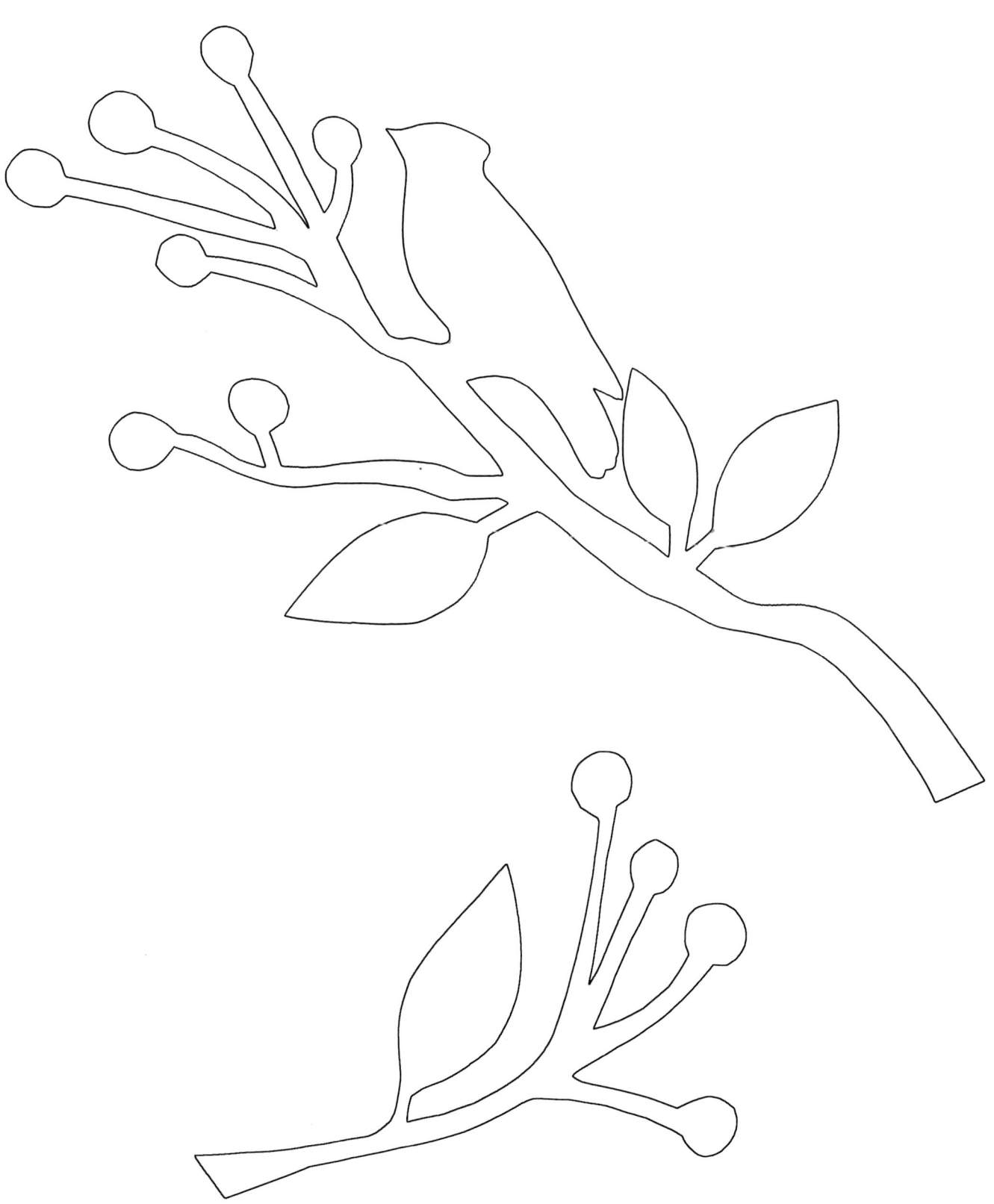

[**PLANTILLA** Letra decorativa, página 66]

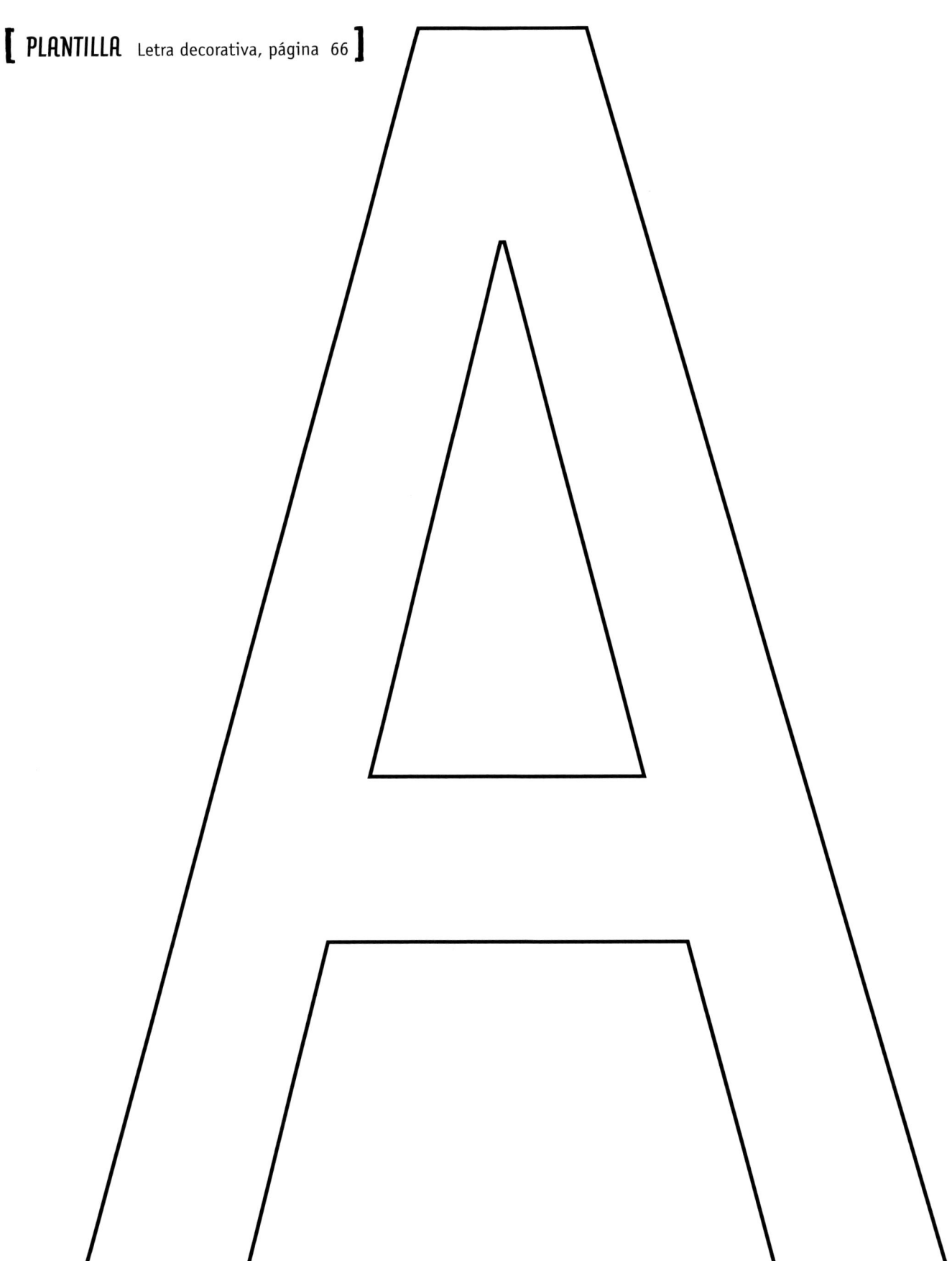

[PLANTILLA Estrellas, página 68 **]**

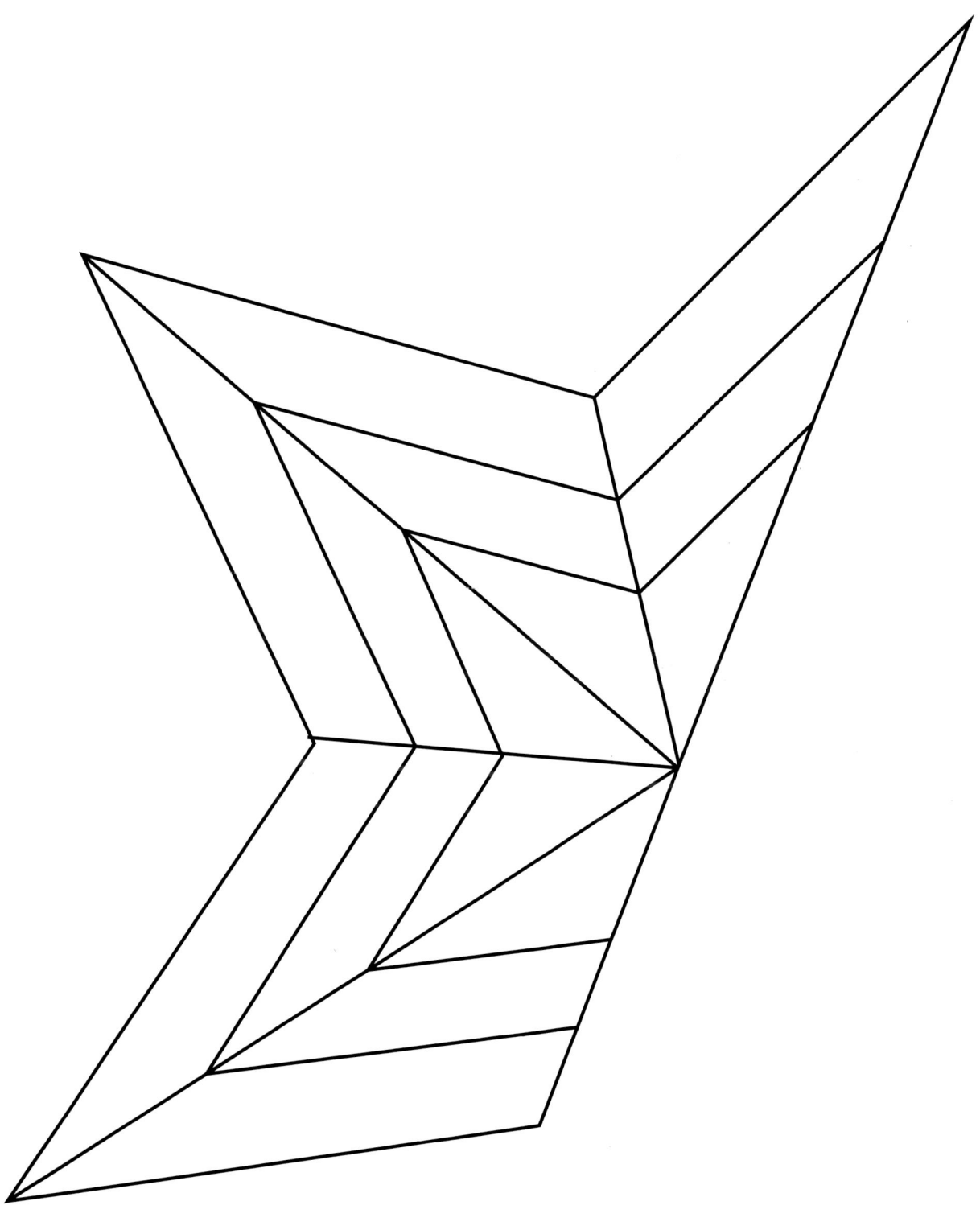

plantillas

[**PLANTILLA** Lámpara, página 71]

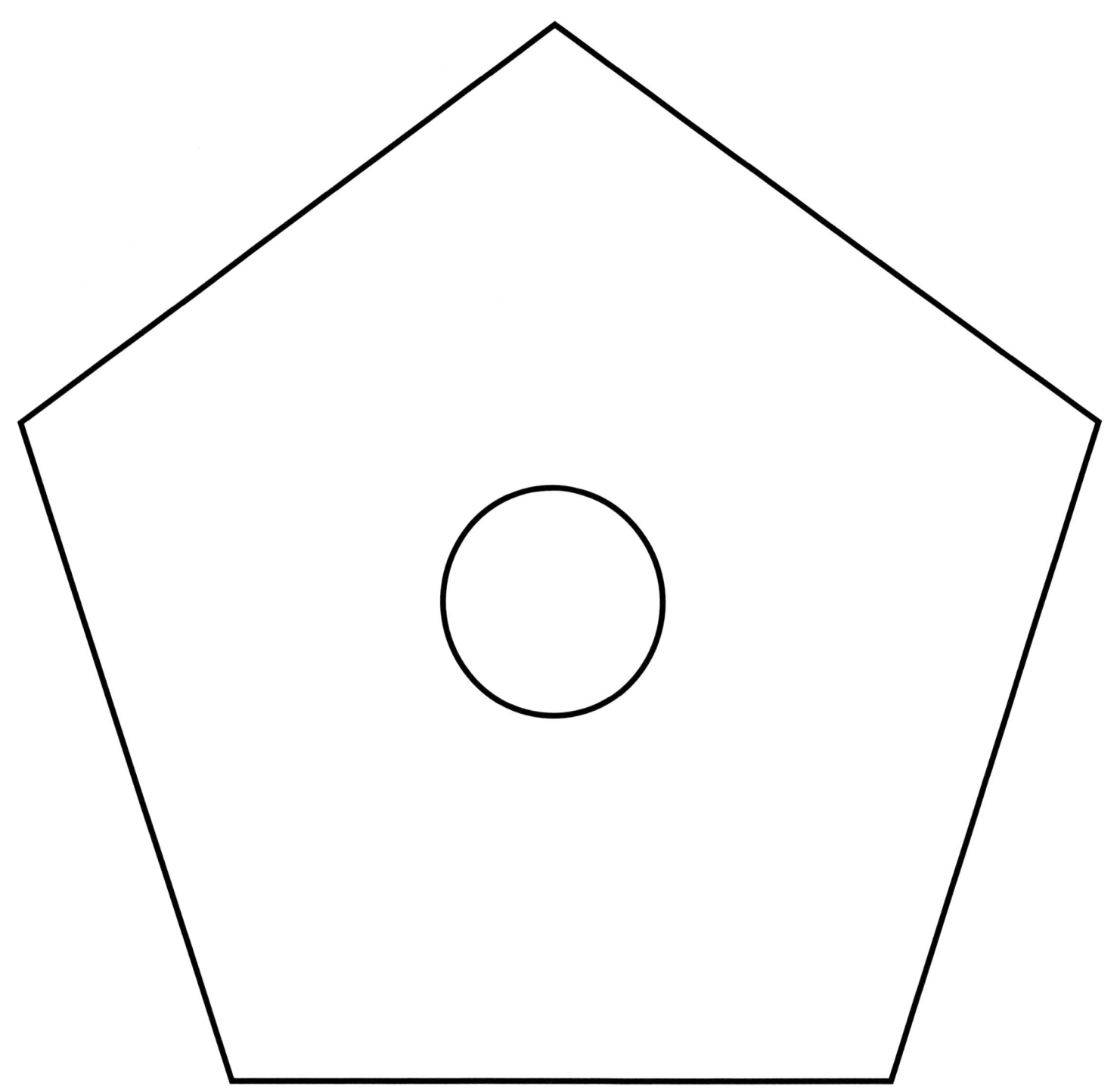

[**PLANTILLA** Candelero, página 79]

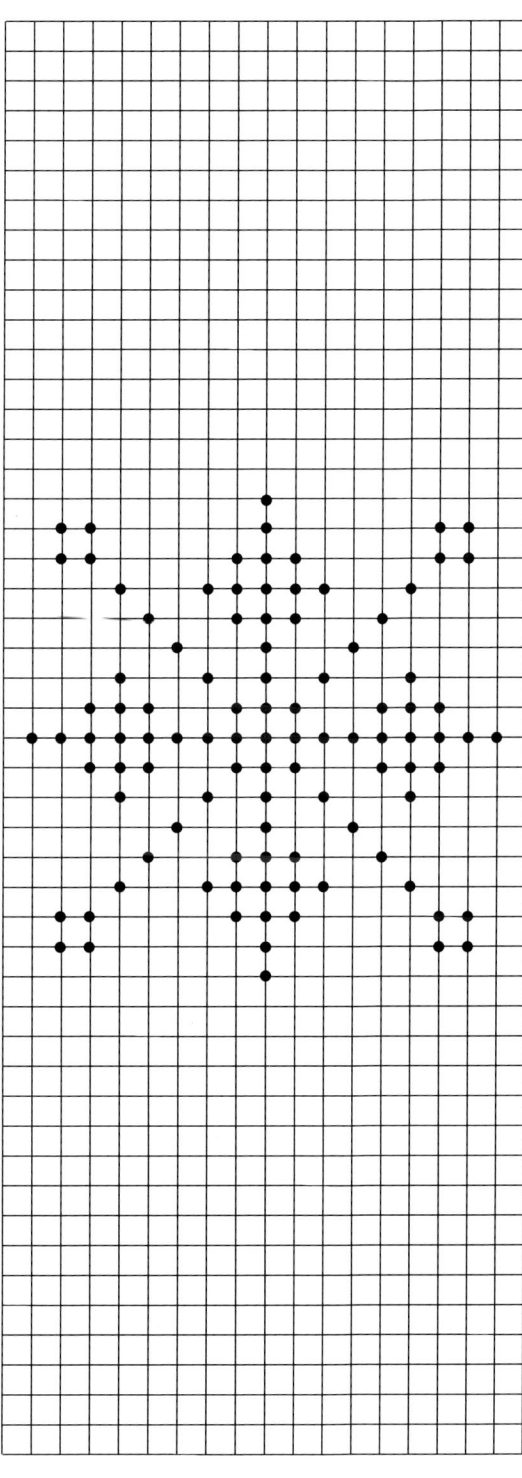

LA AUTORA

Mª Pilar Gallo nació en Madrid en 1957, es hija de un carpintero y de una costurera, por lo que creció rodeada de retales y escuchando el traqueteo de la máquina de coser de su madre.

Recibió la formación propia de las niñas de la época, con nociones de corte y confección, costura, punto con dos agujas, dibujo y otras habilidades manuales consideradas idóneas para el currículo femenino y en las que destacó siempre por su habilidad.

Atraída por el mundo de la creatividad, recibió clases de cerámica y torno alfarero y durante algunos años se dedicó de forma profesional a la fabricación y venta de piezas de cerámica decorativa.

Siempre ha sentido interés por el reciclaje y un especial afán por recuperar para un nuevo uso todo tipo de objetos desechados, ya sean muebles, retales de tela o latas de conserva.

Gracias a su hija, descubrió en el año 2011 el mundo de los blogs y desde entonces comparte en www.porcuatrocuartos.com todas sus ideas creativas.